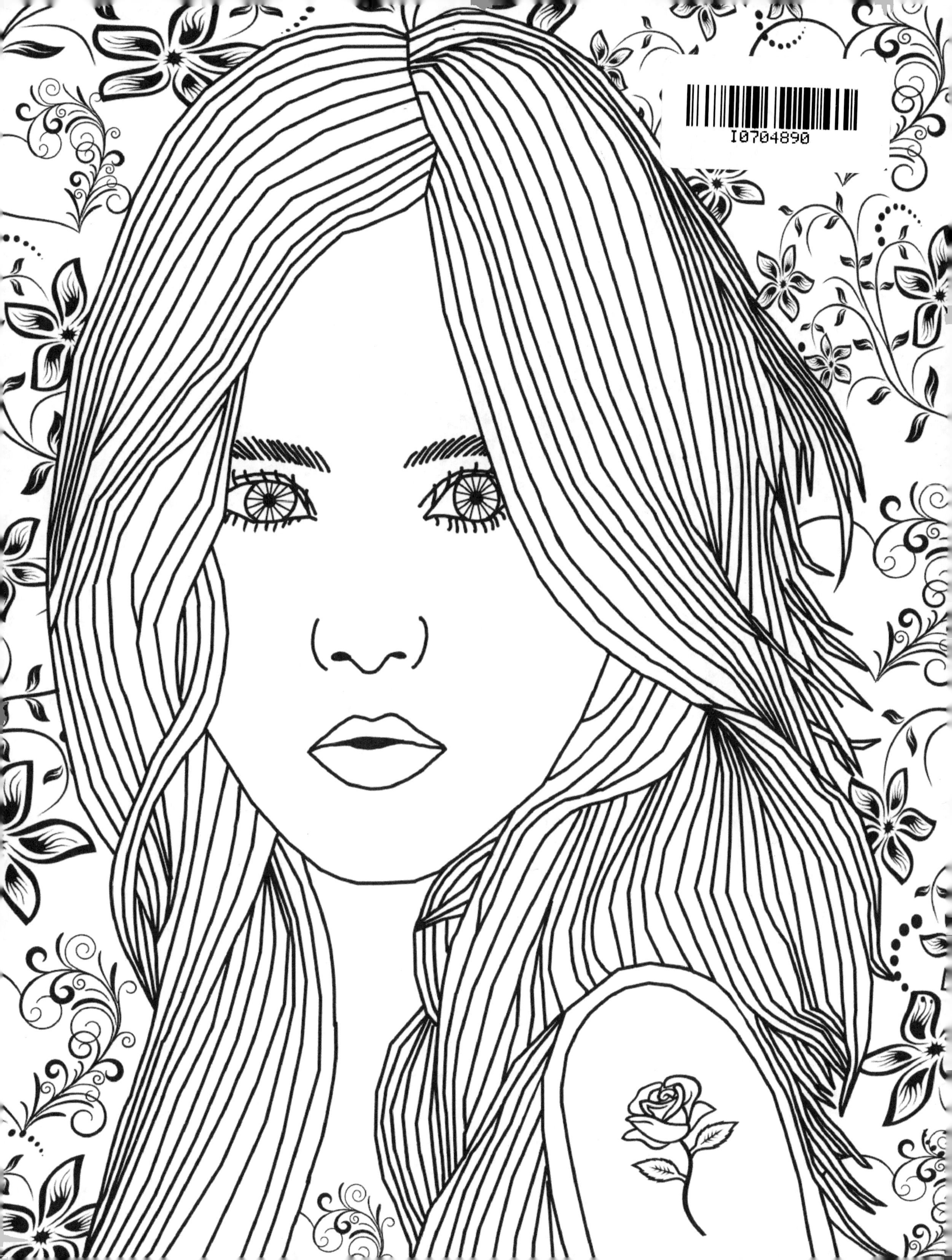
I0704890

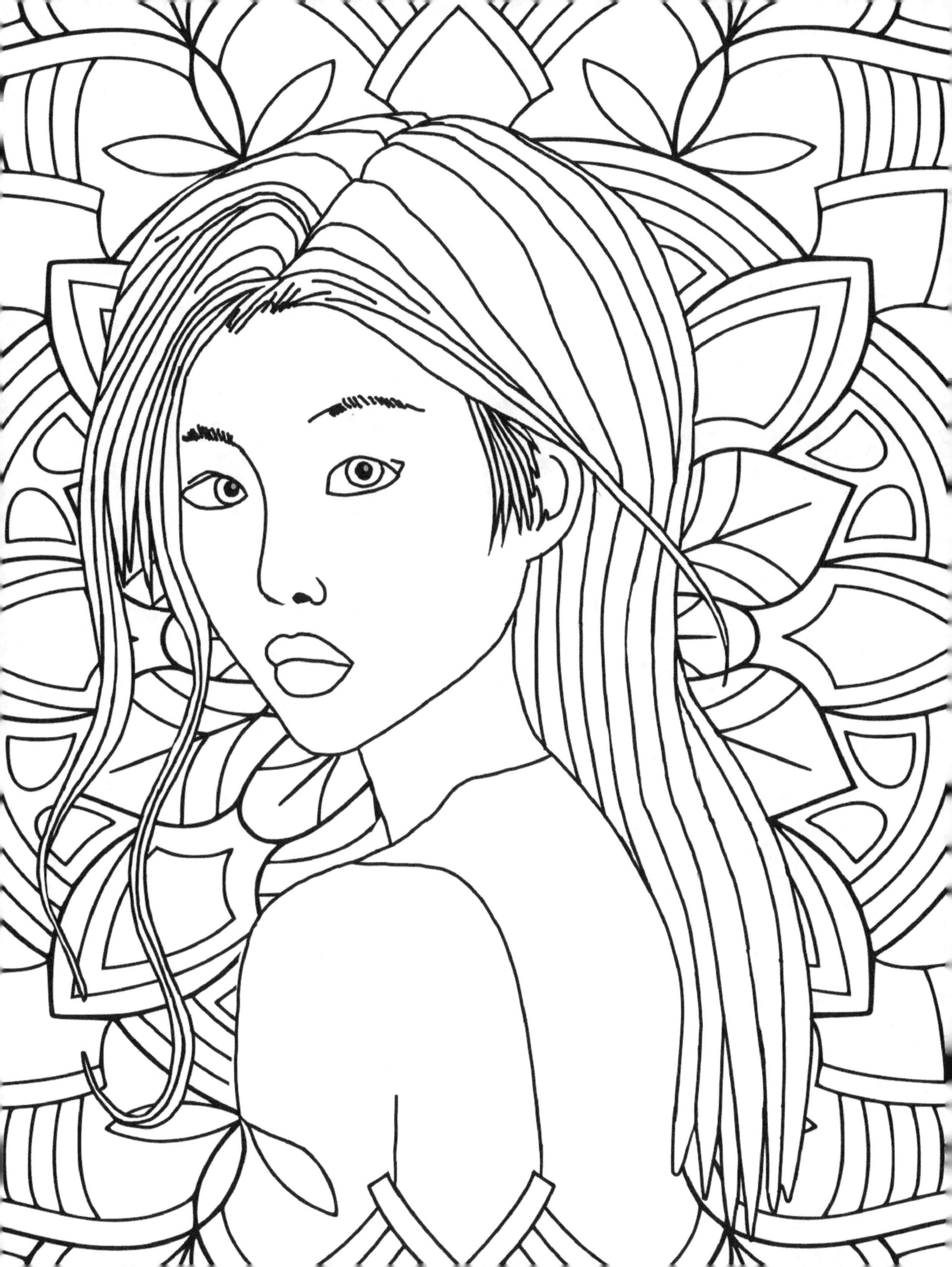

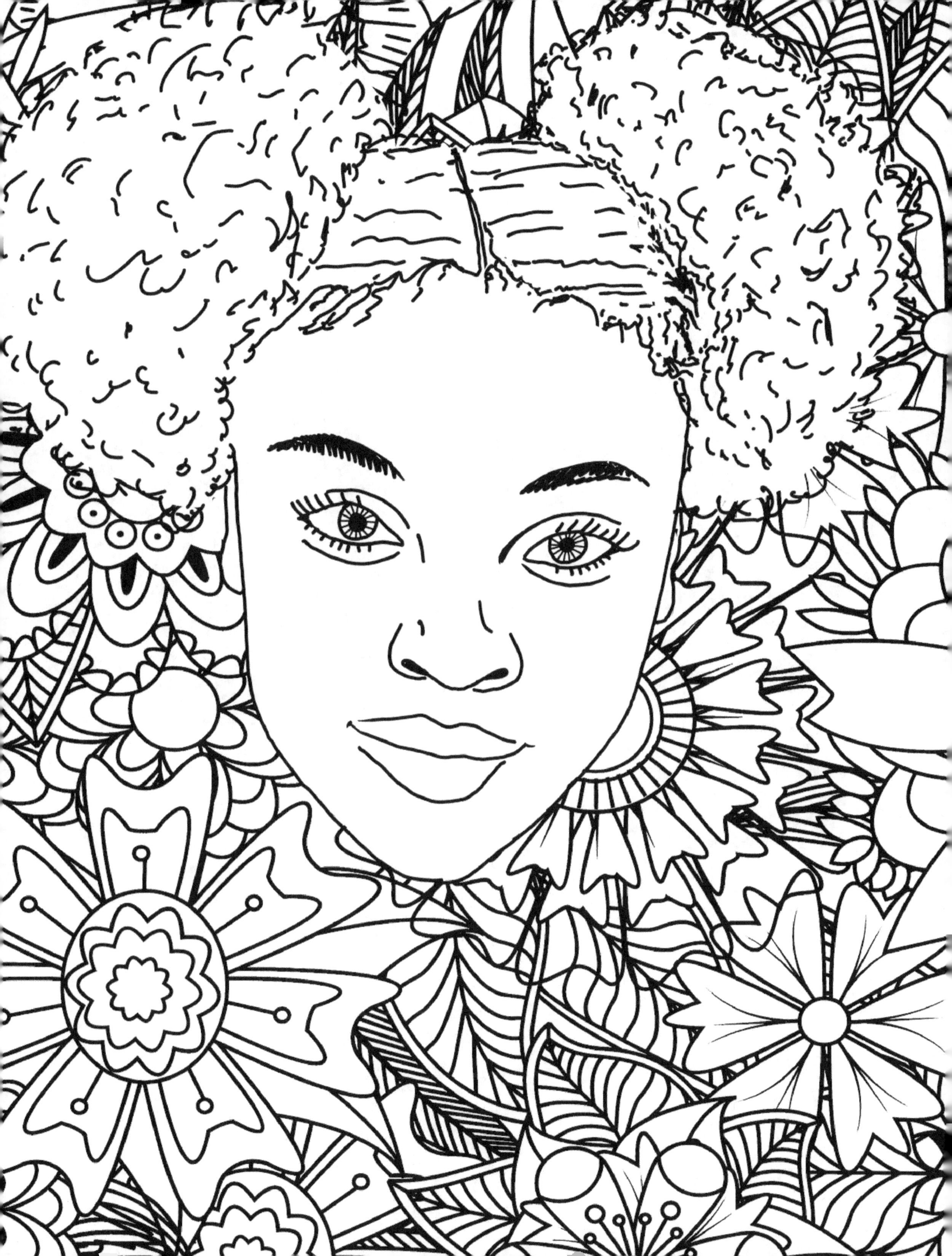

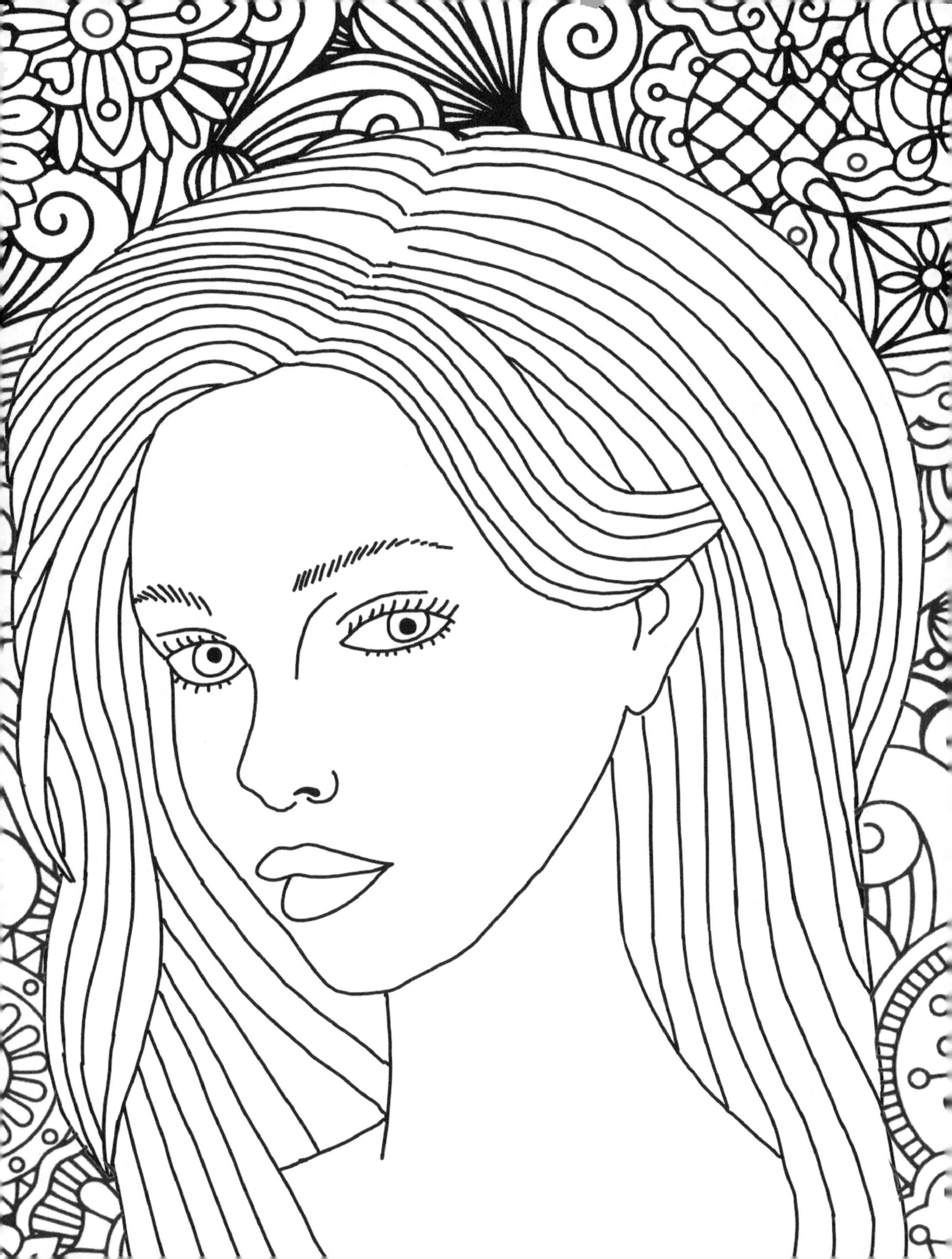

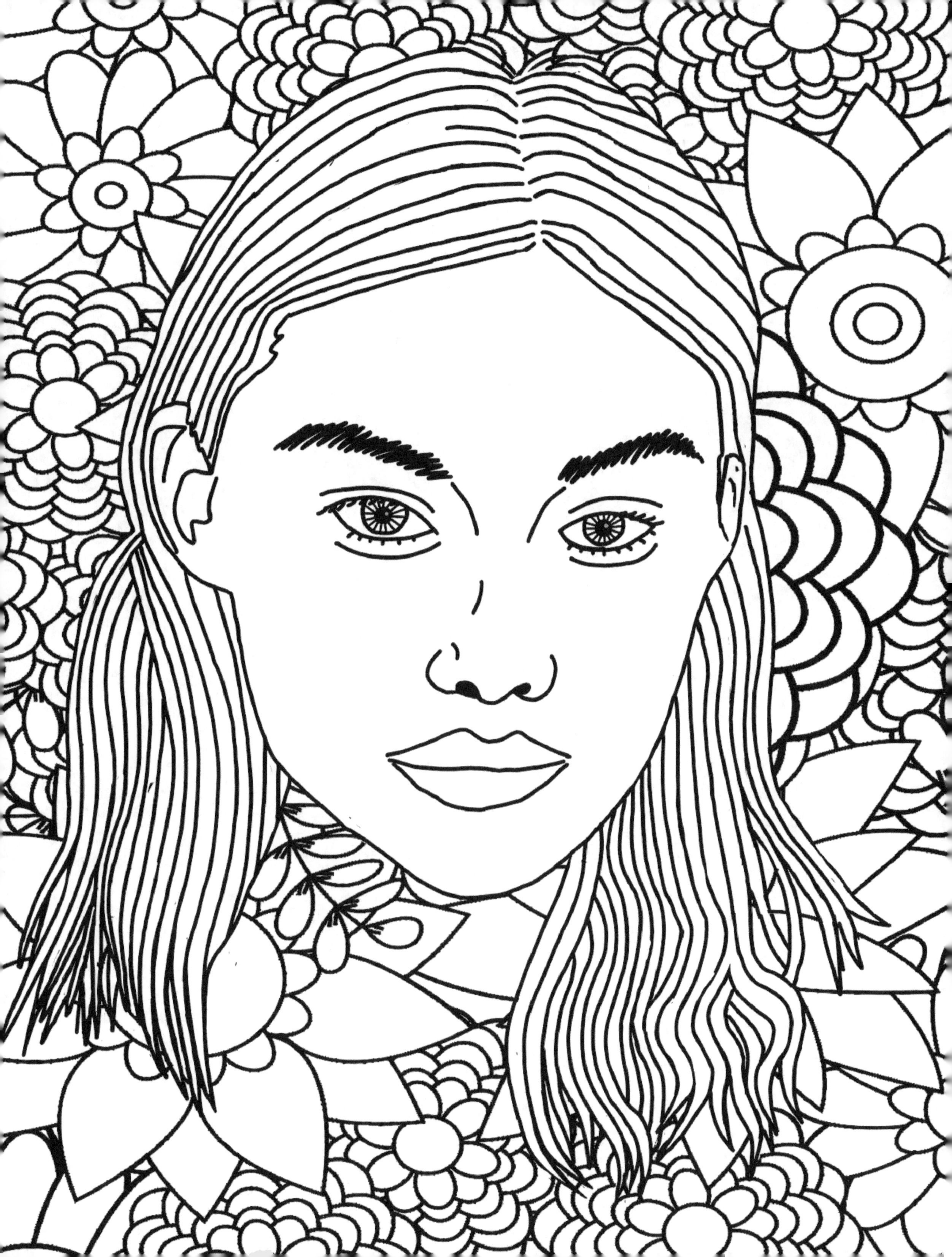

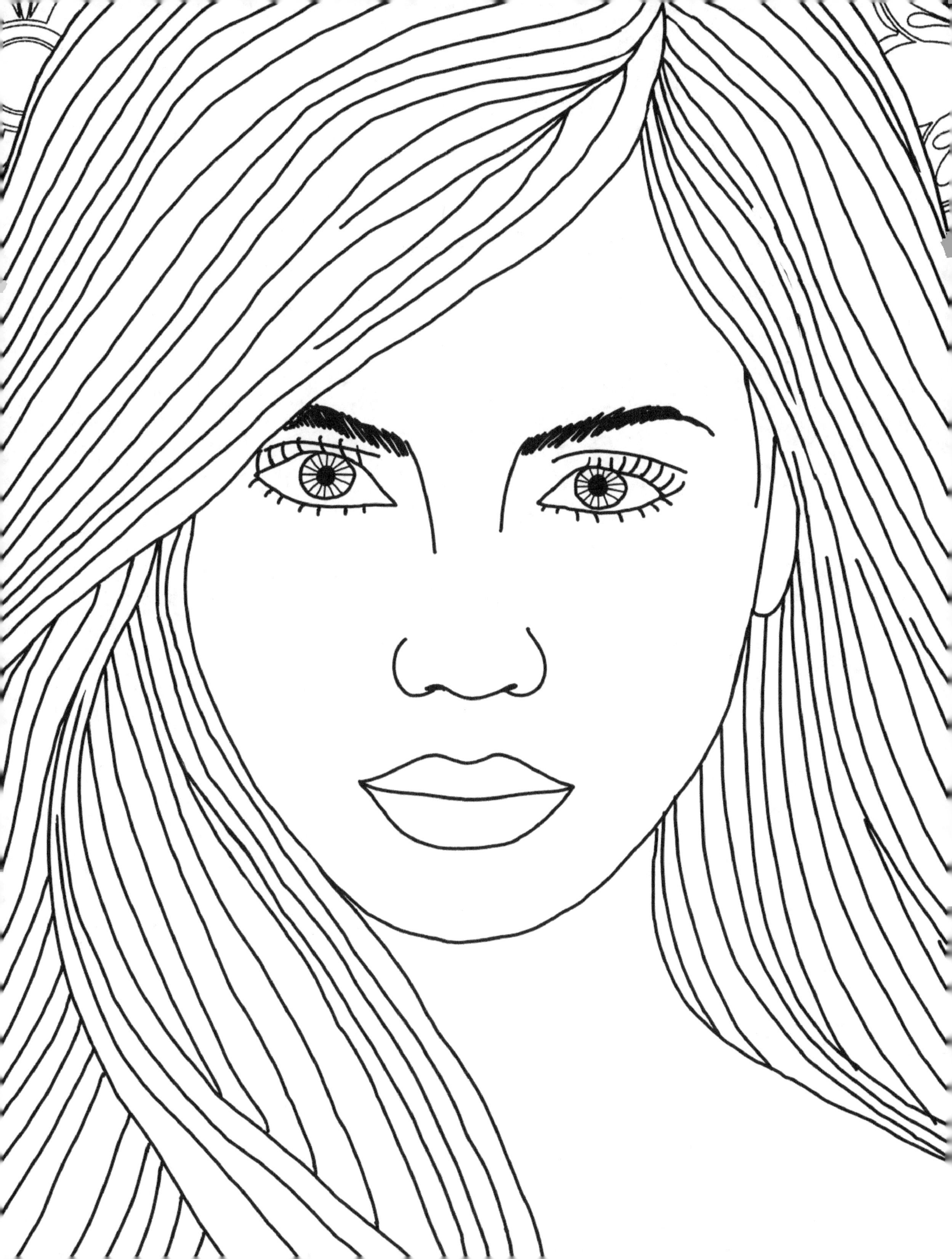

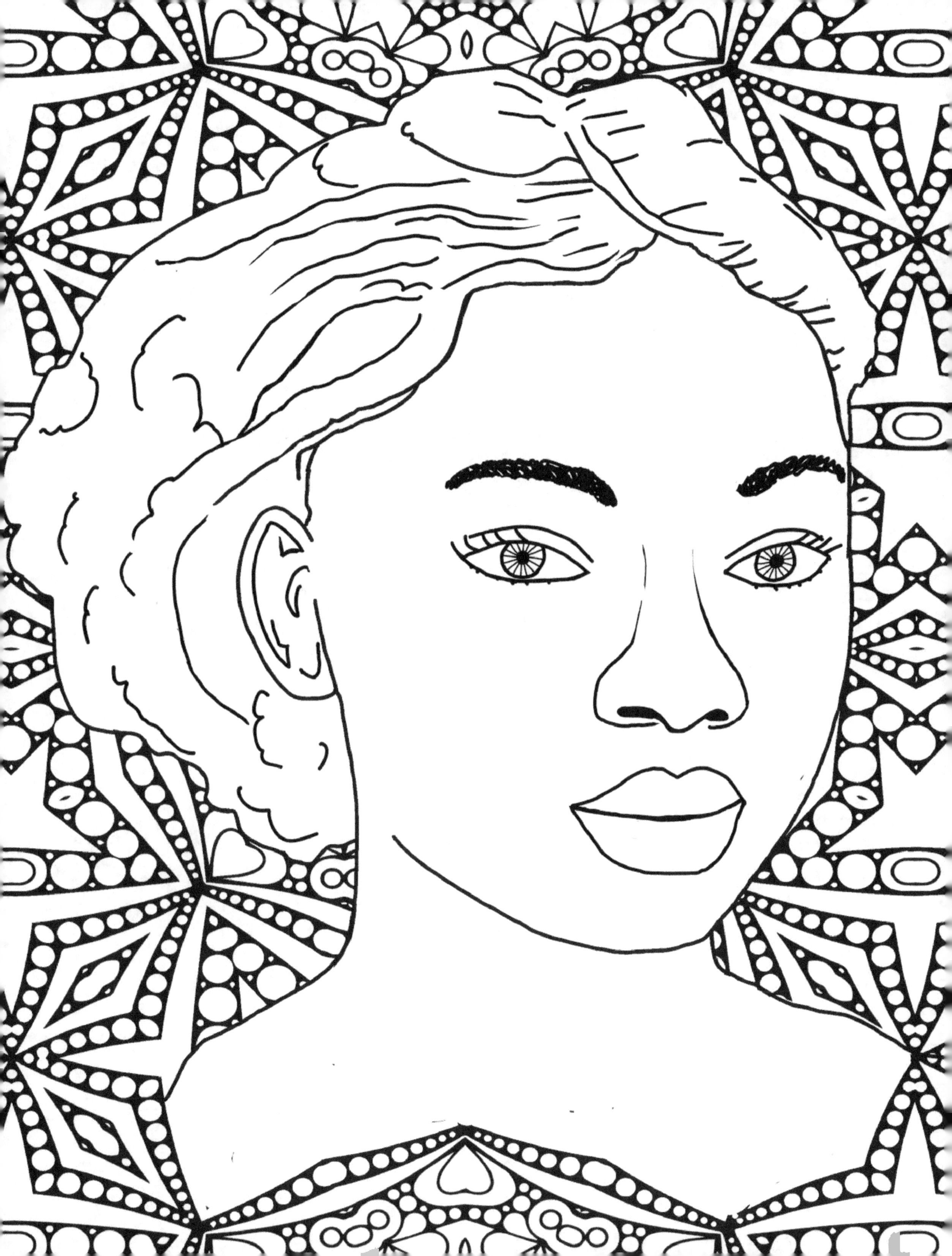

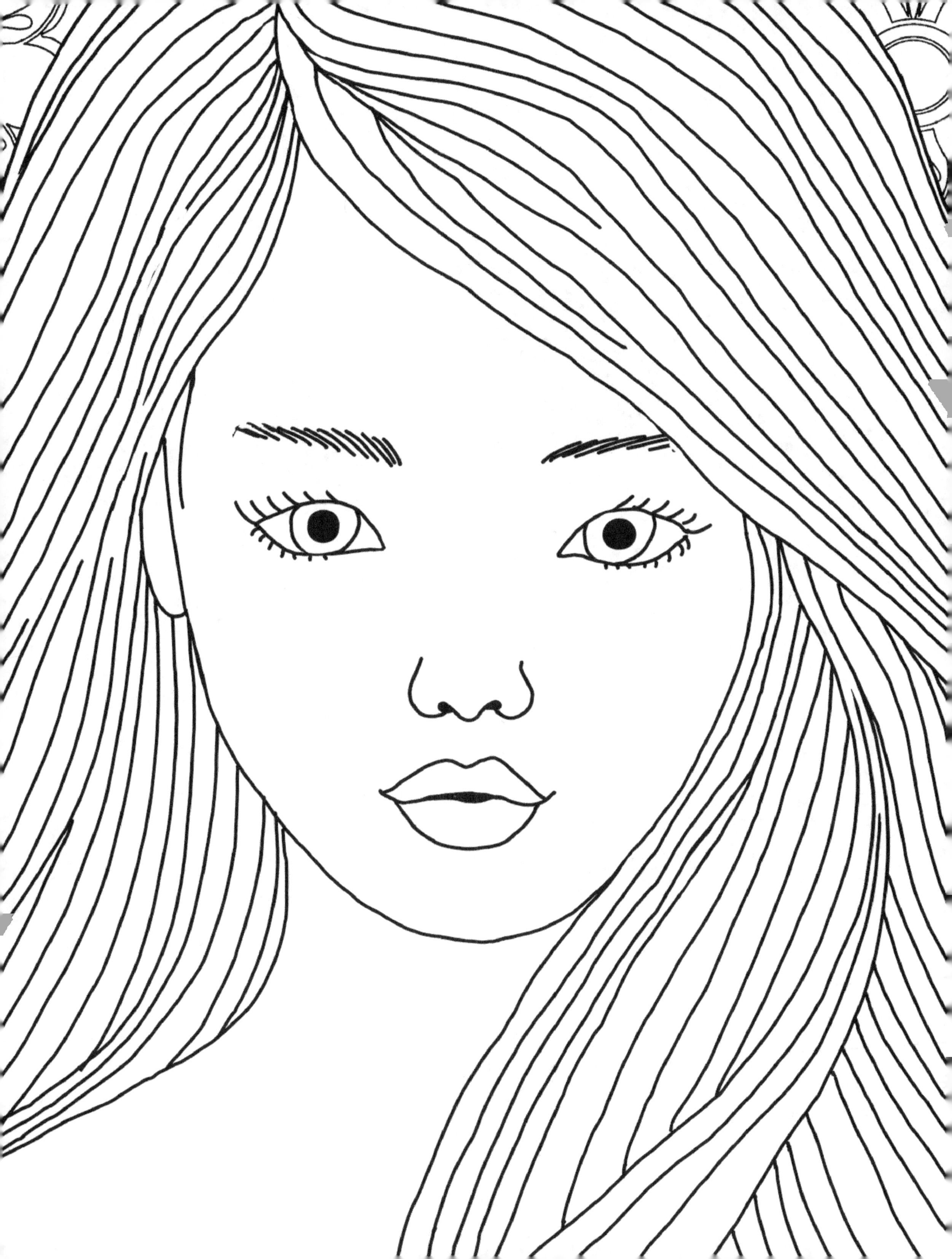

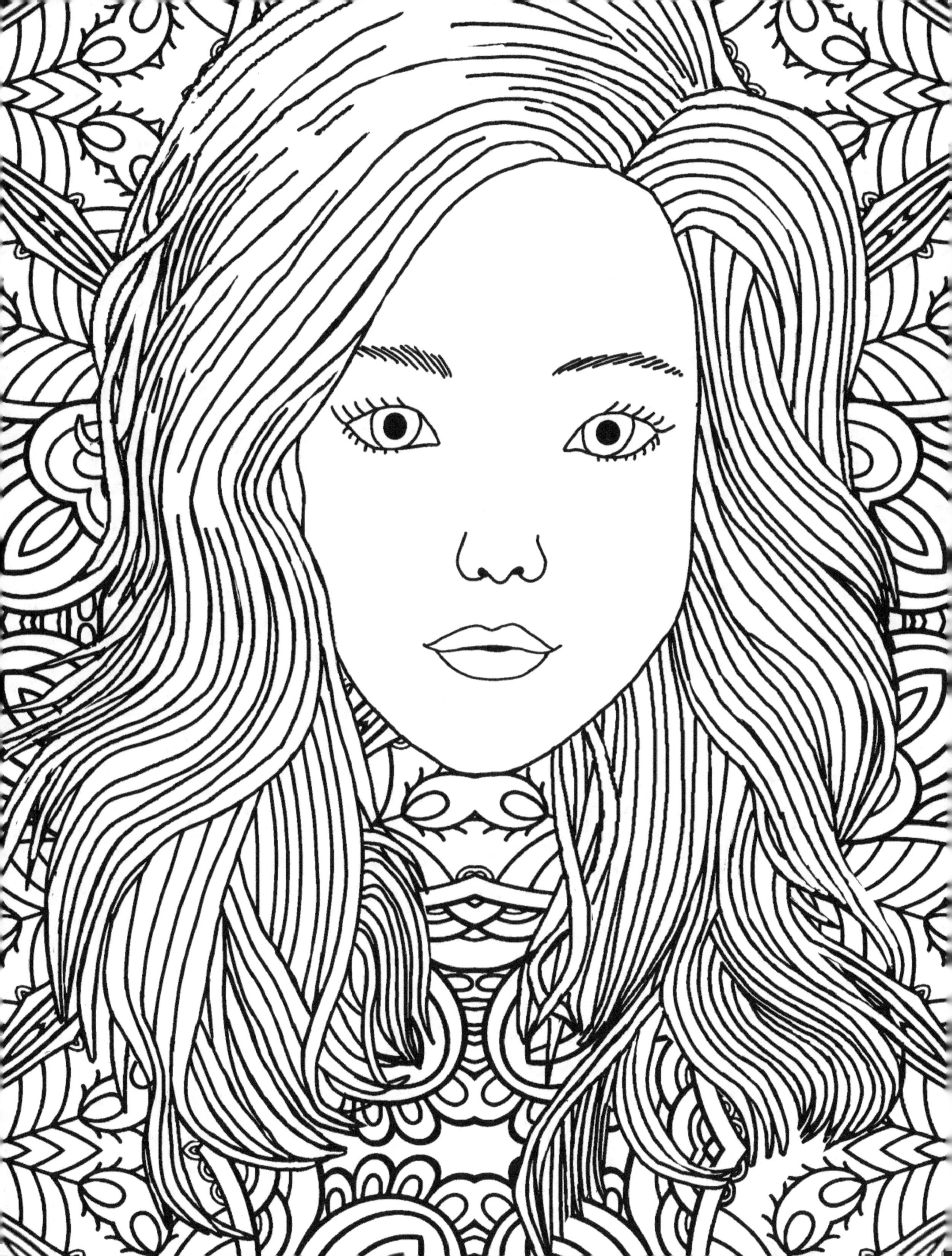

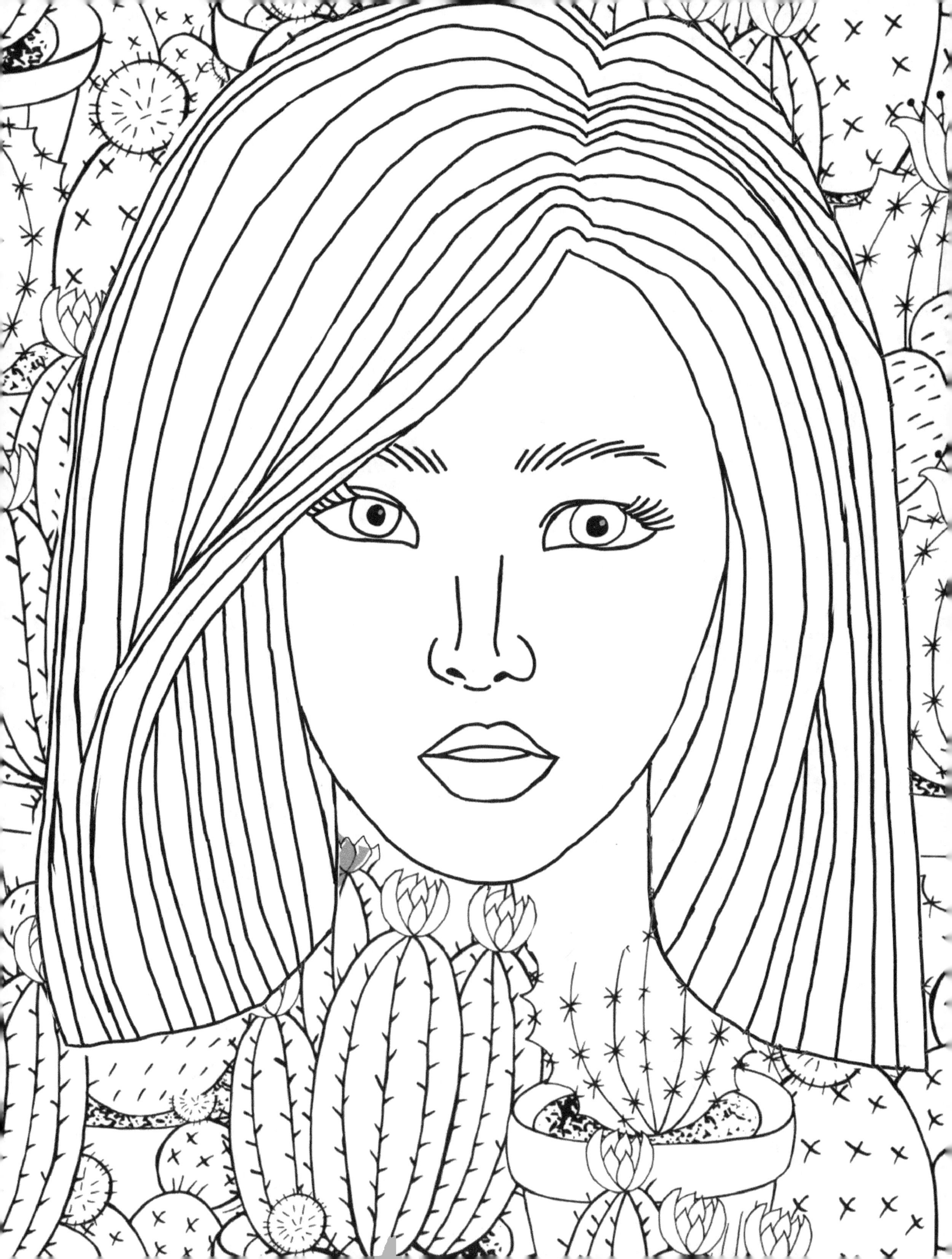

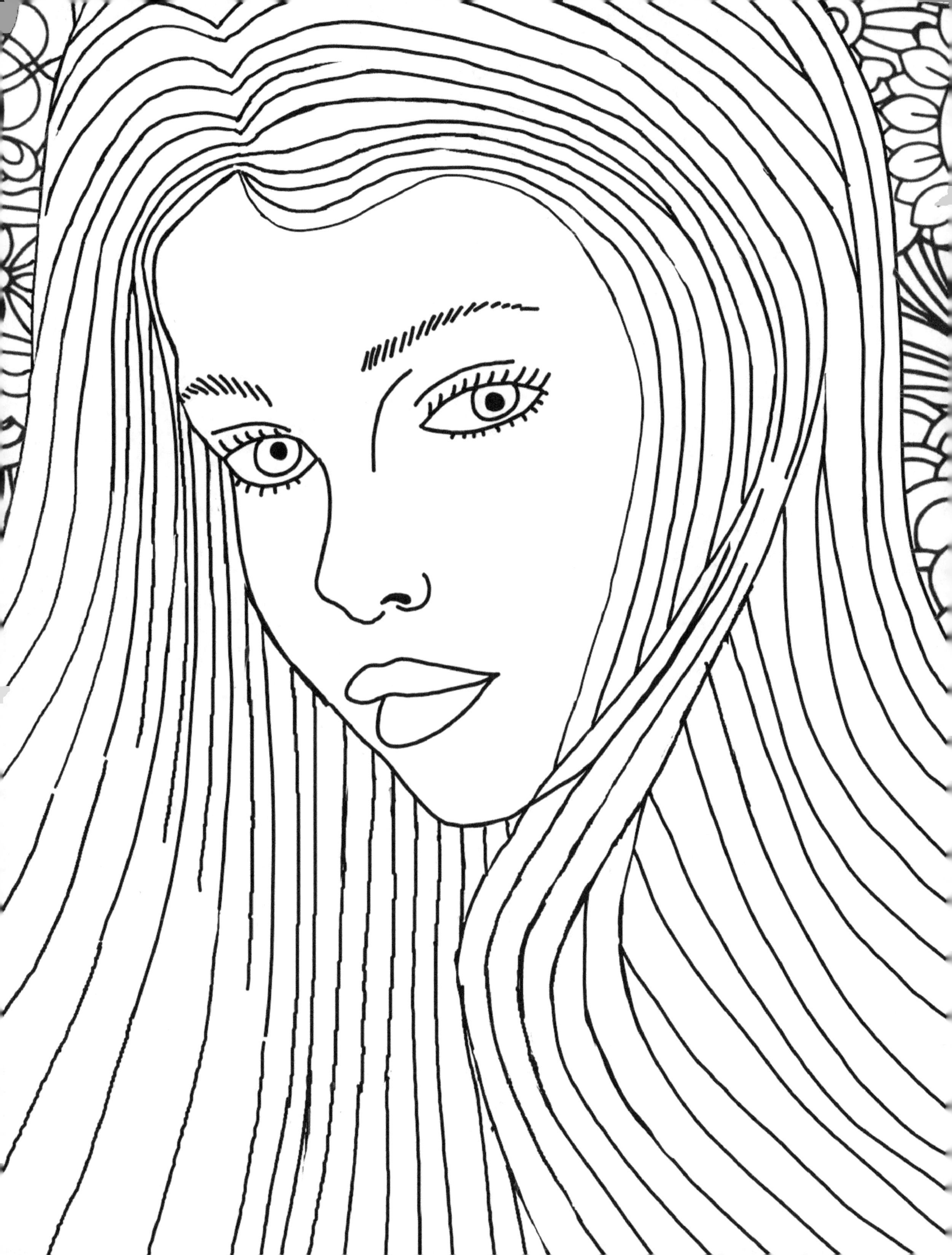

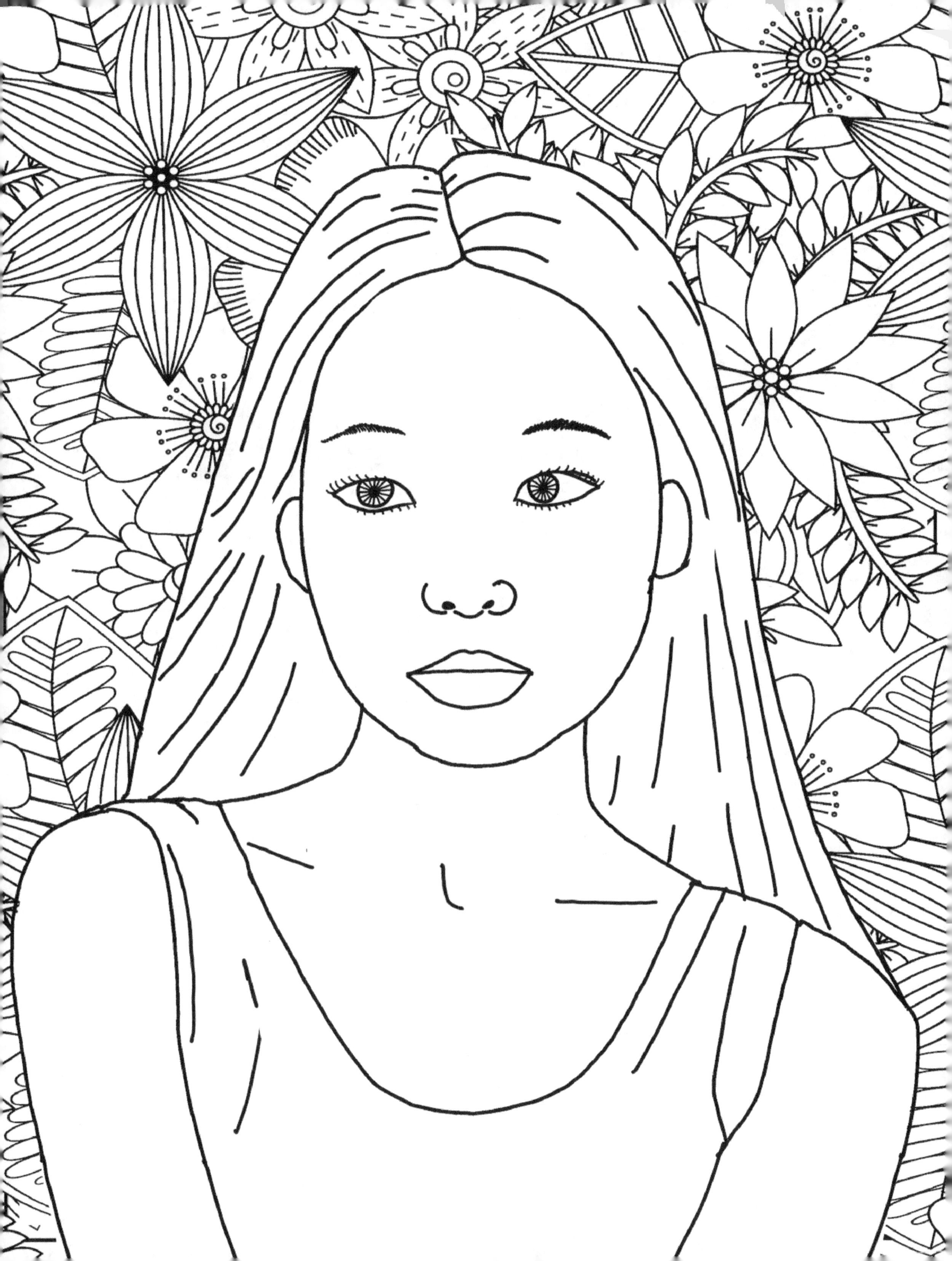

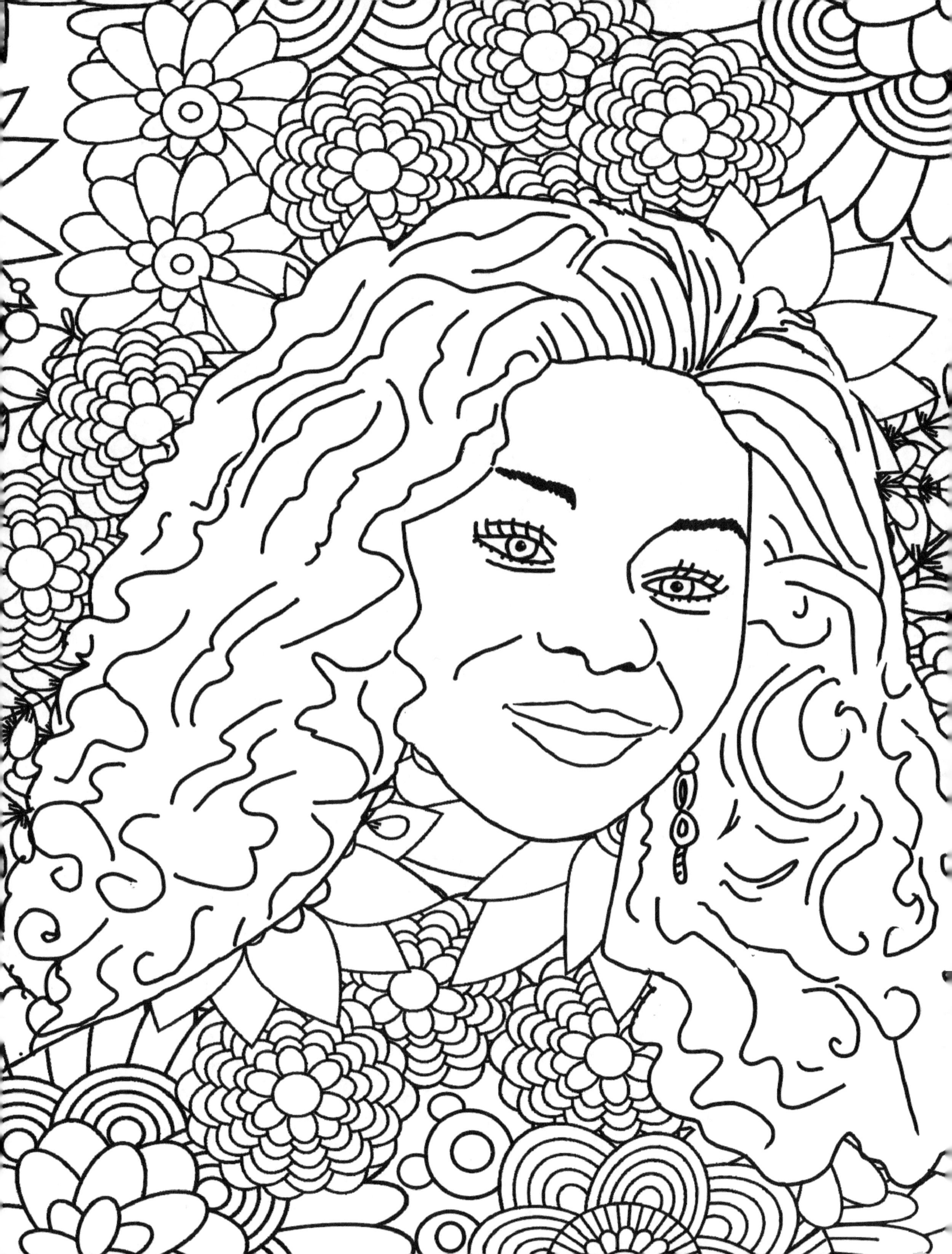

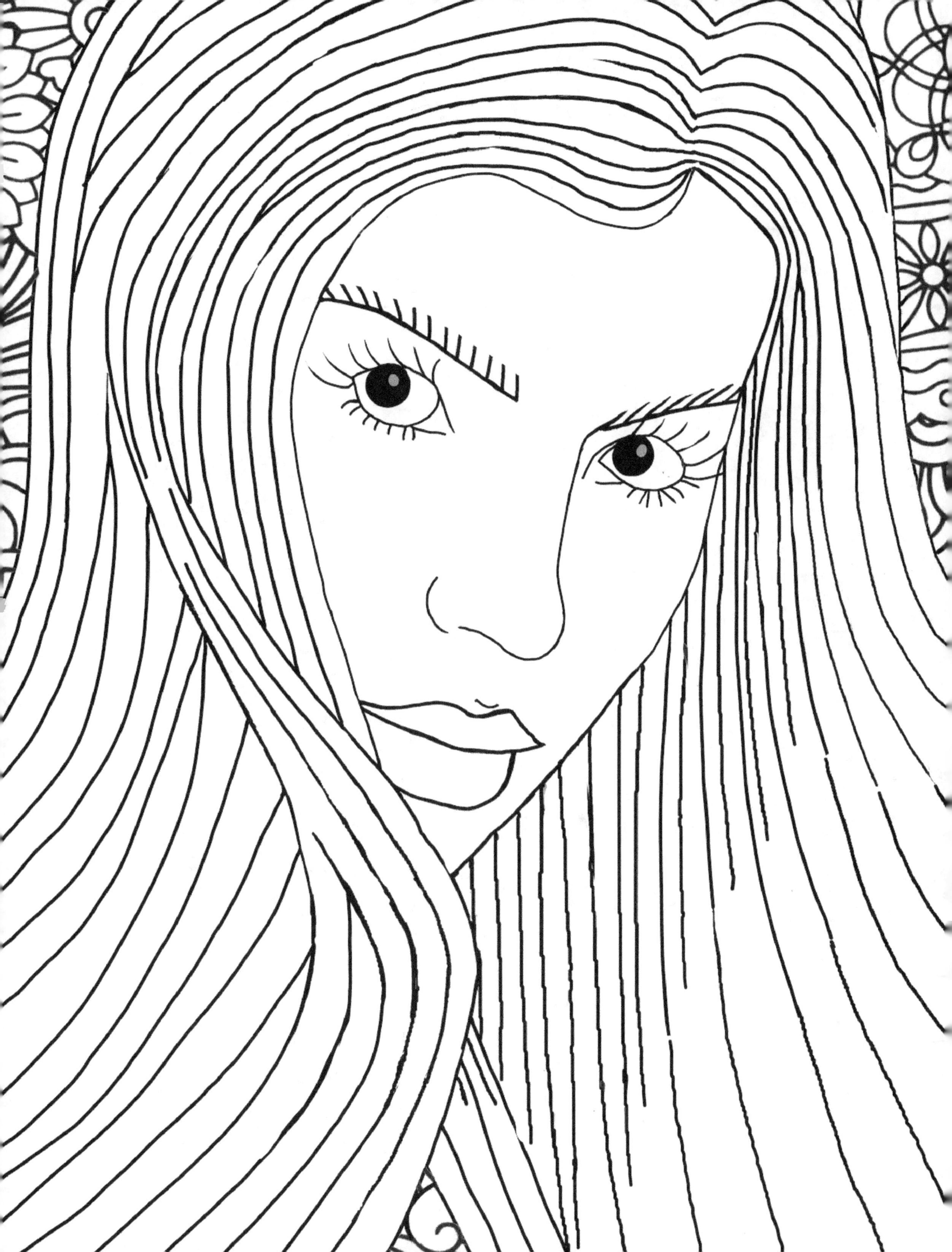

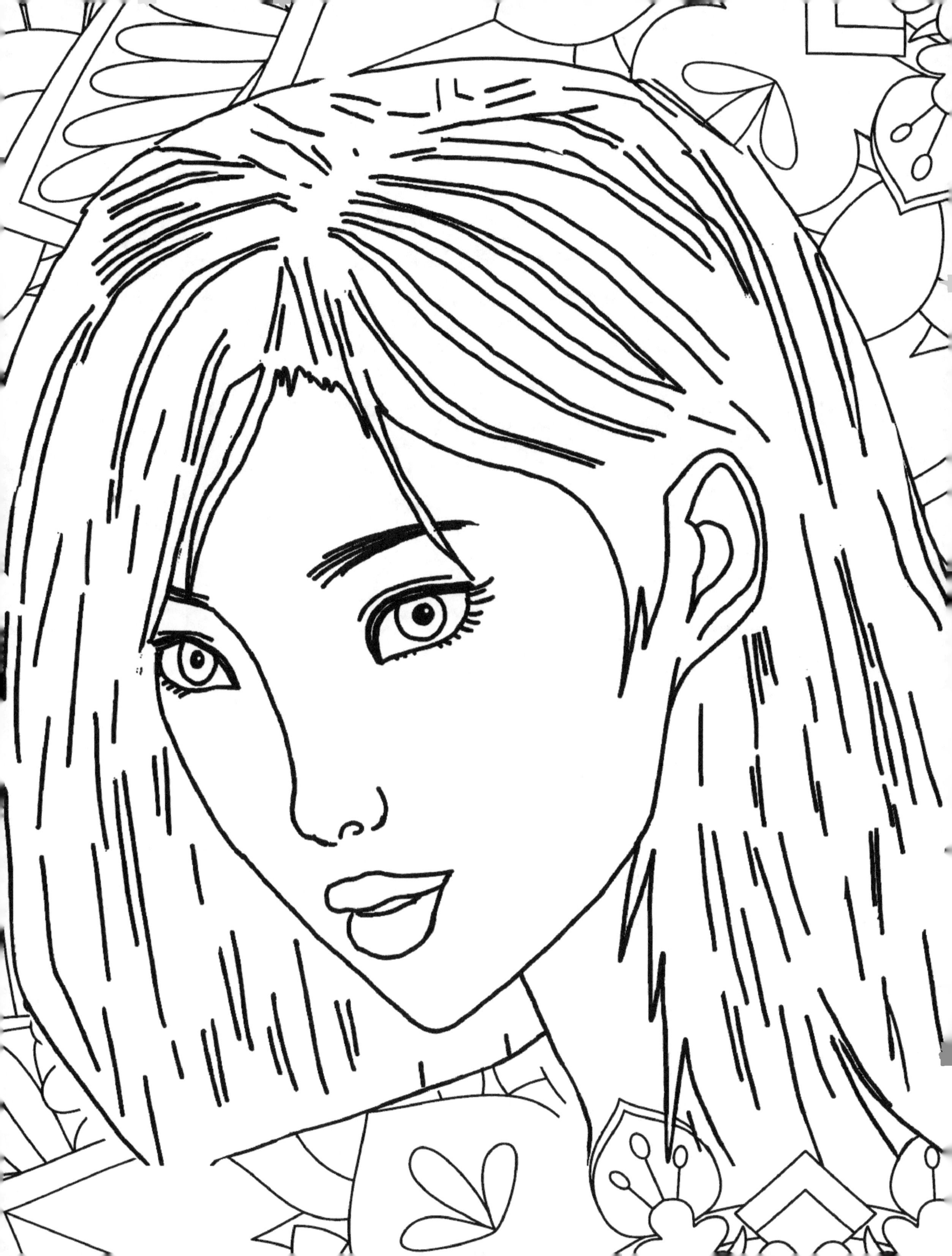

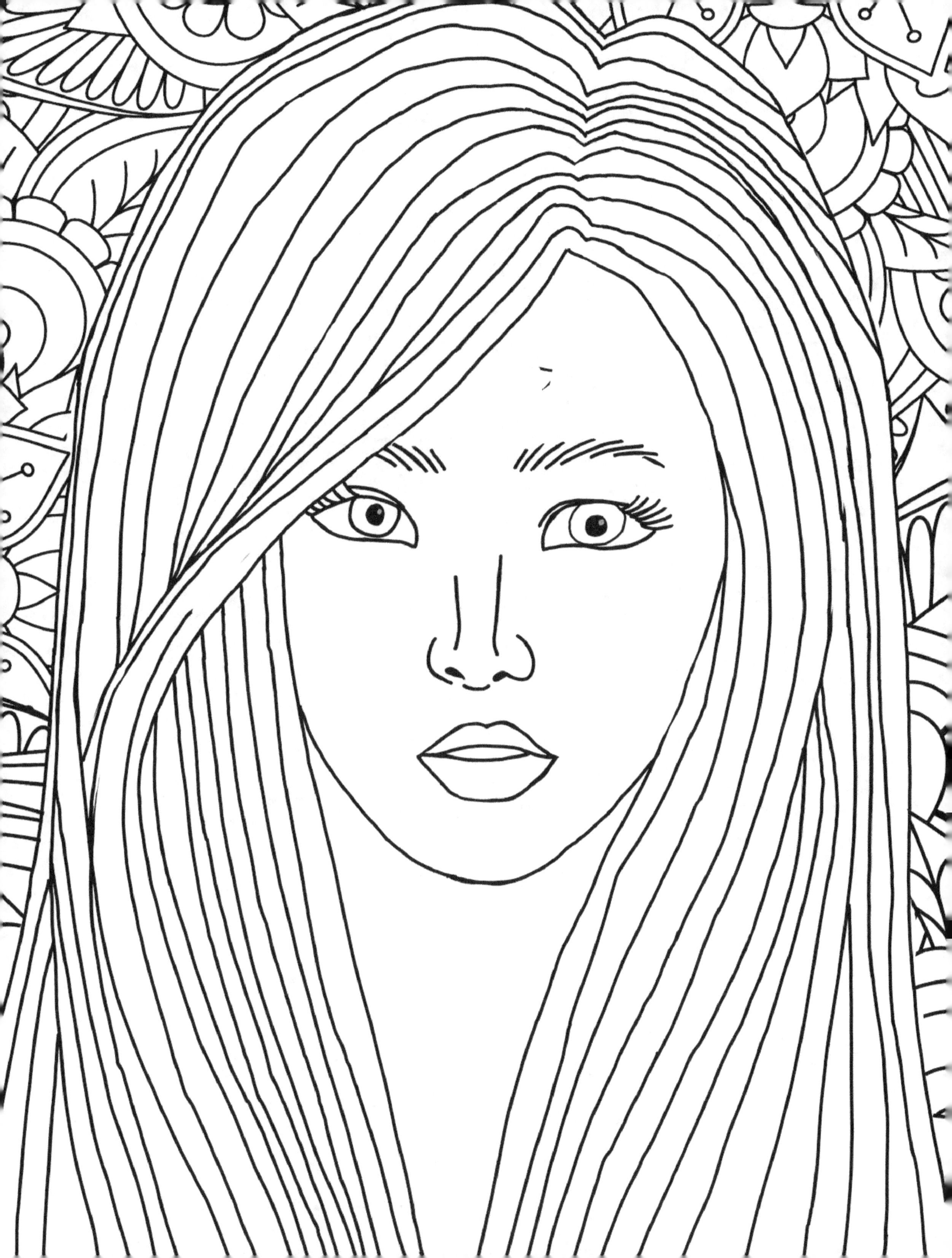

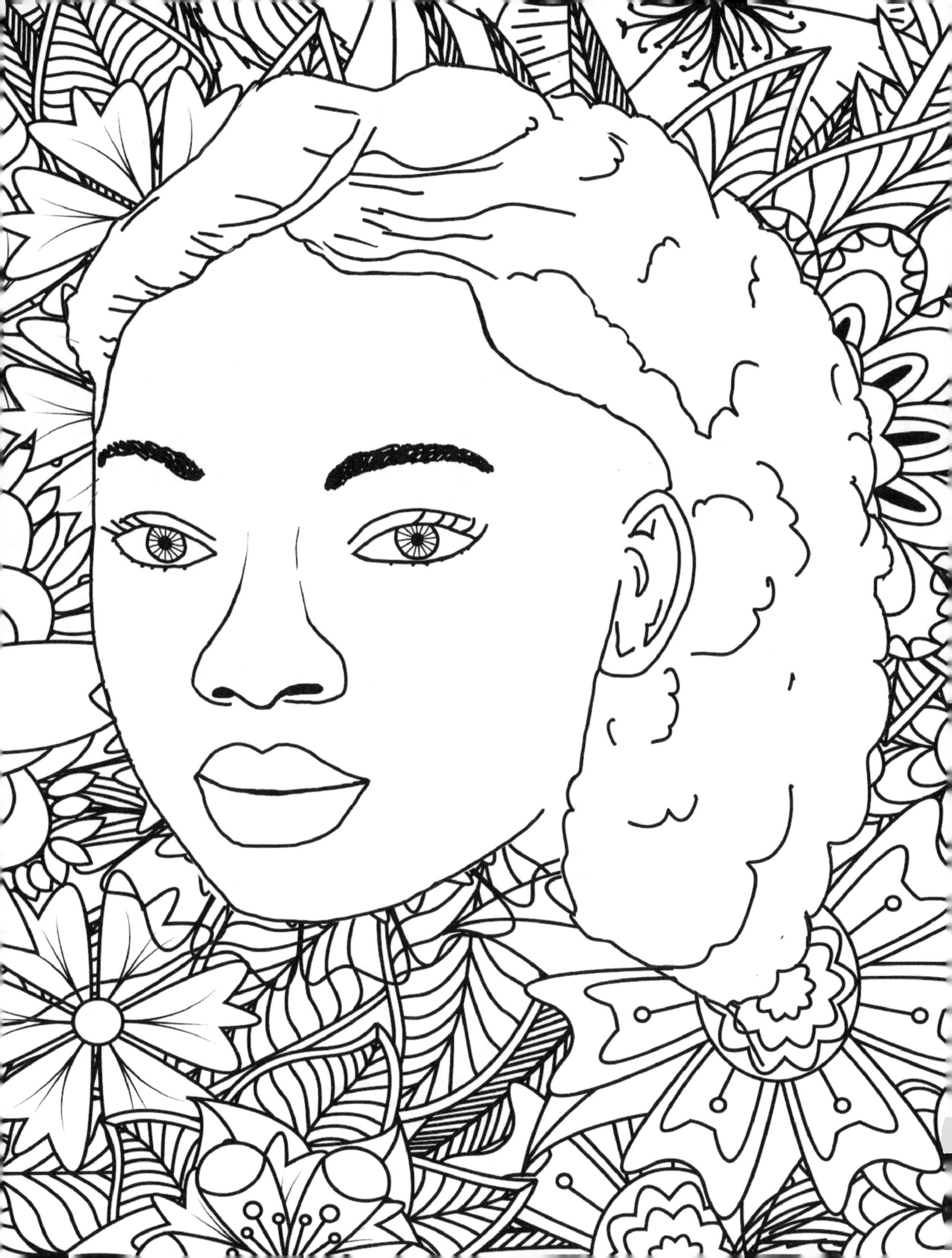

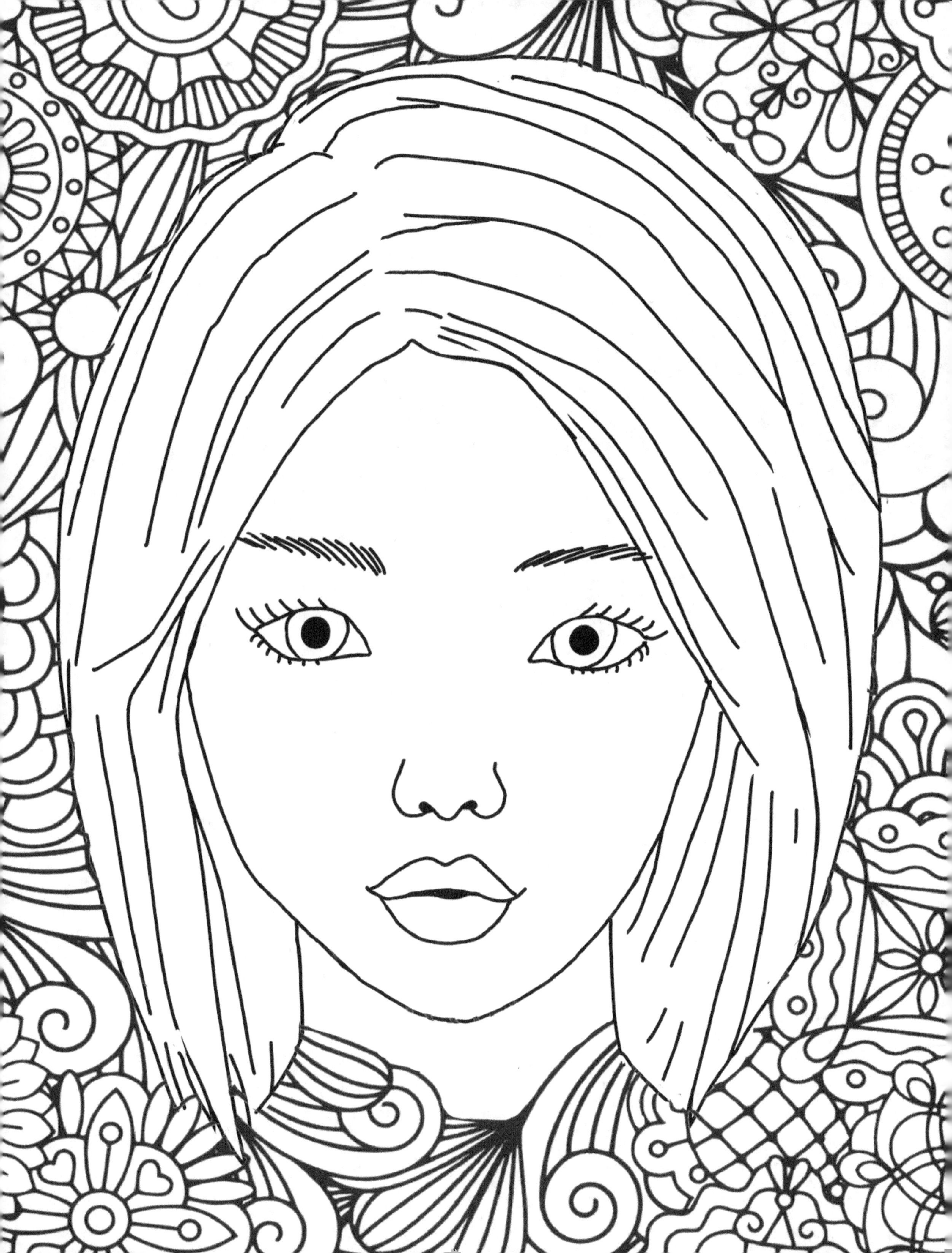

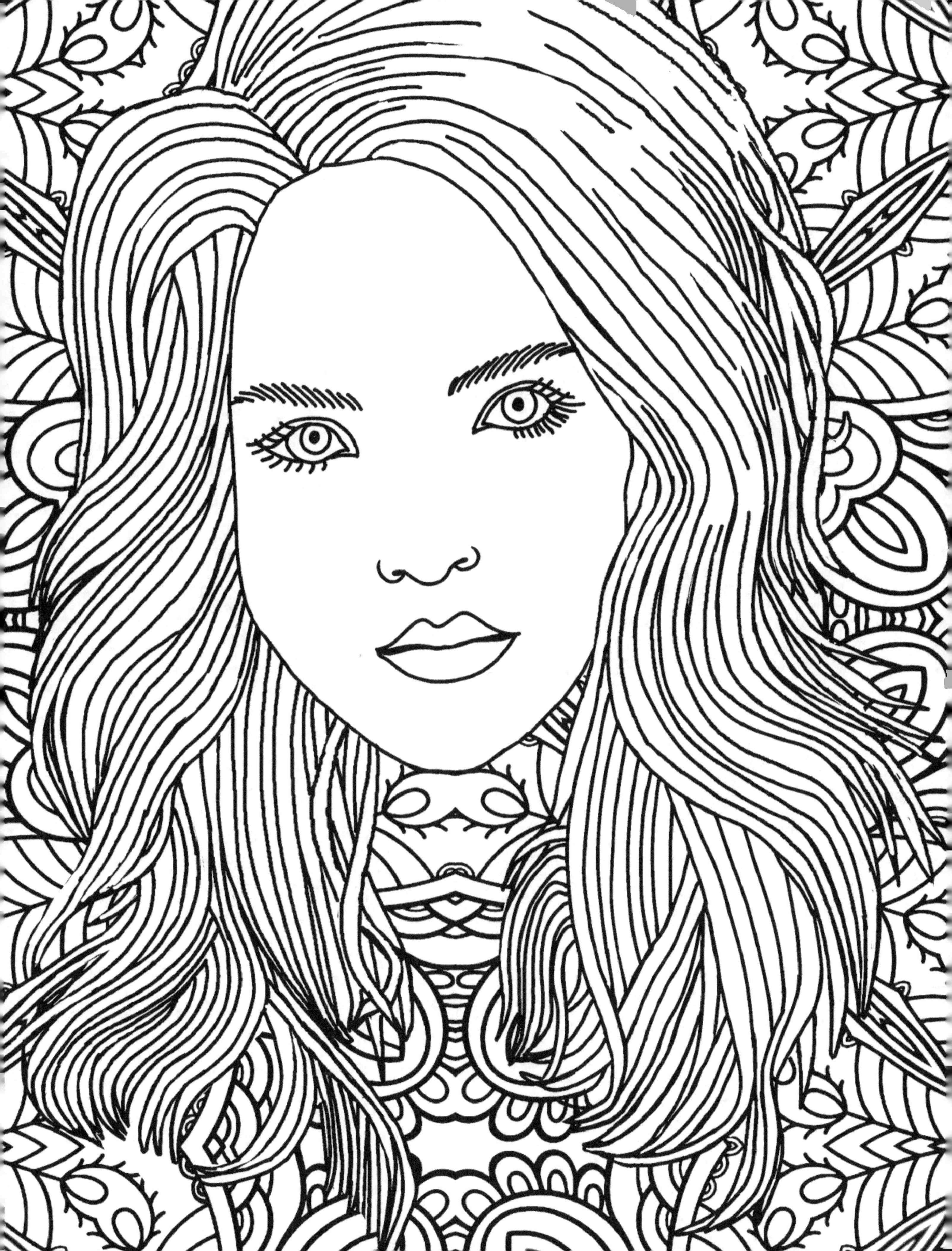

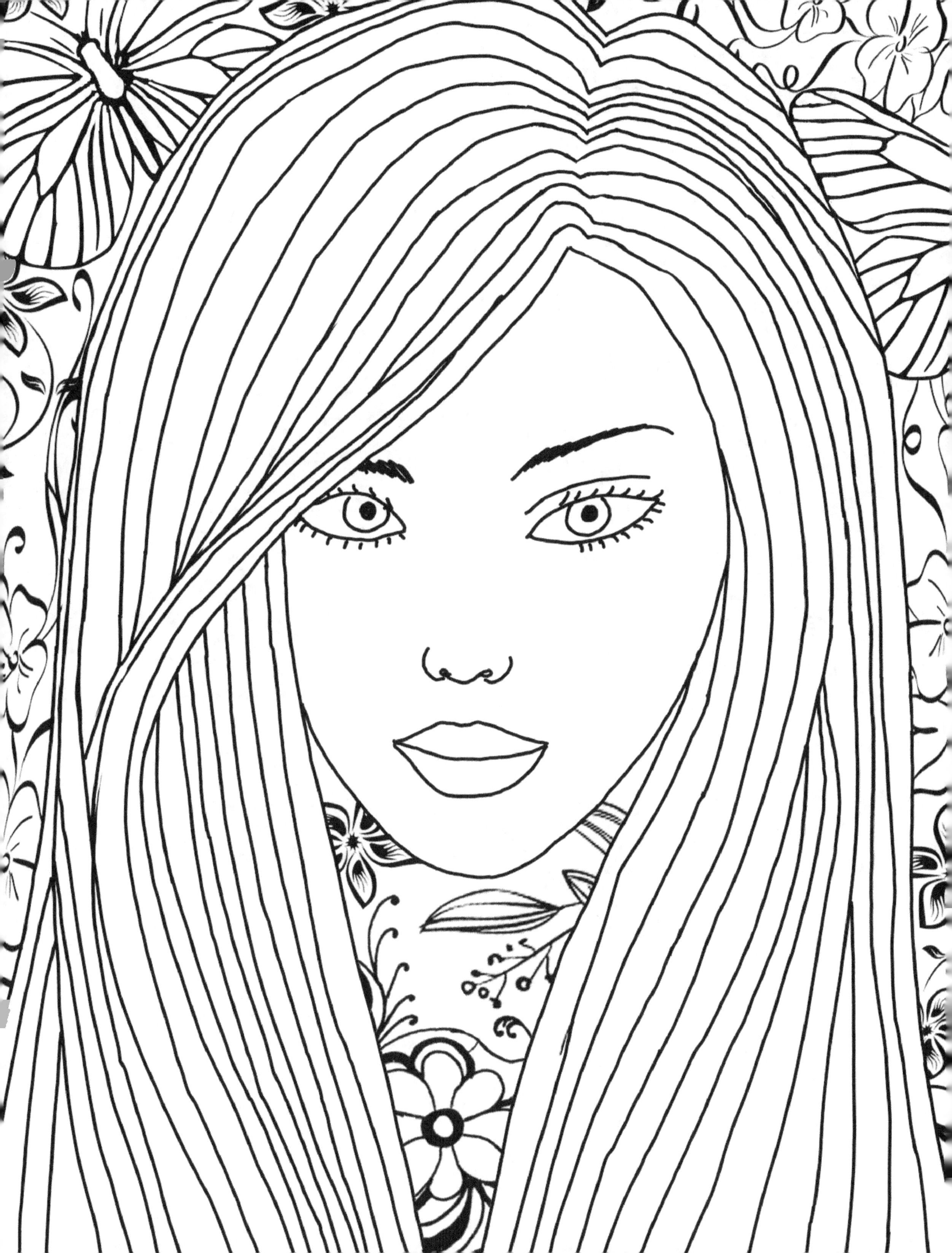

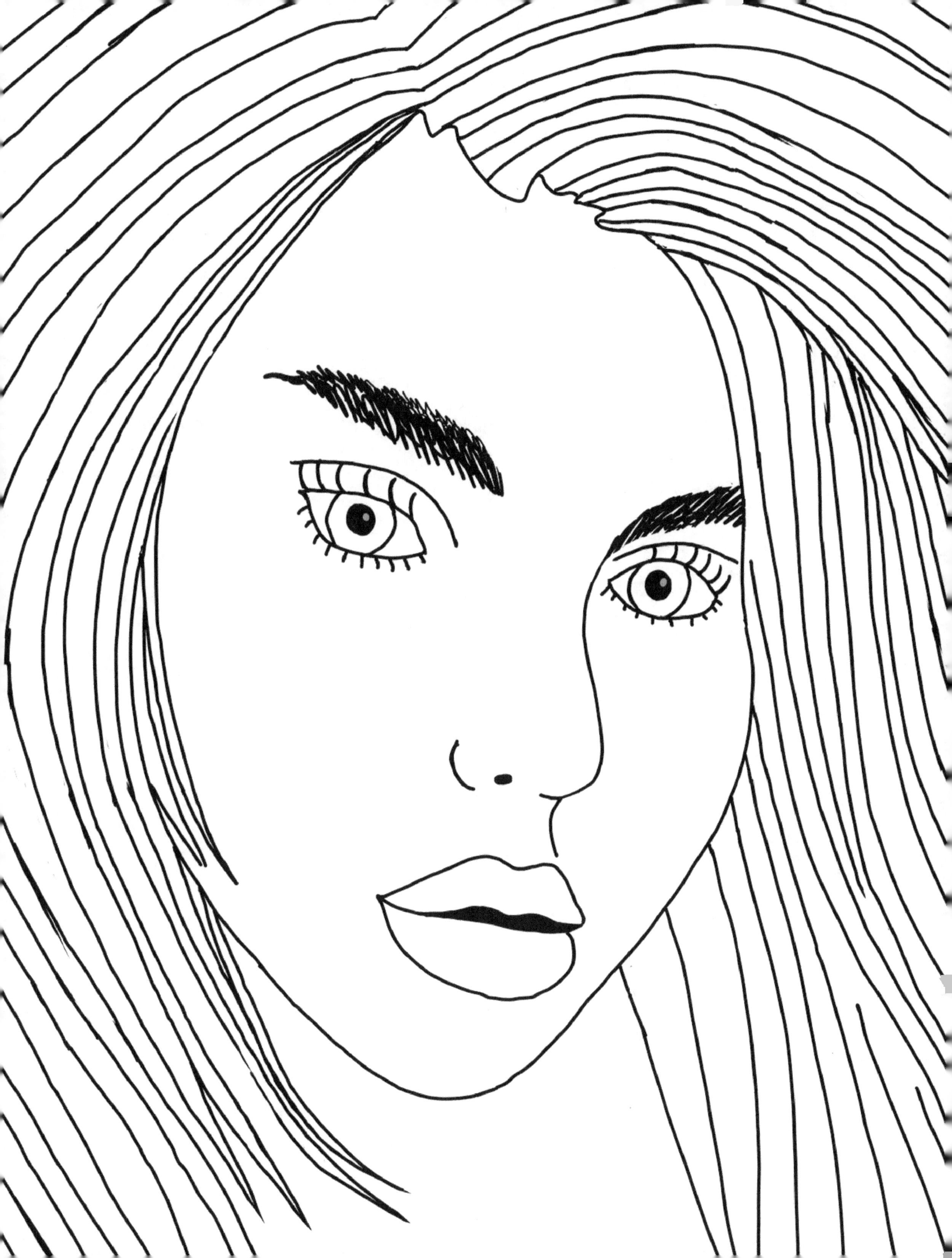

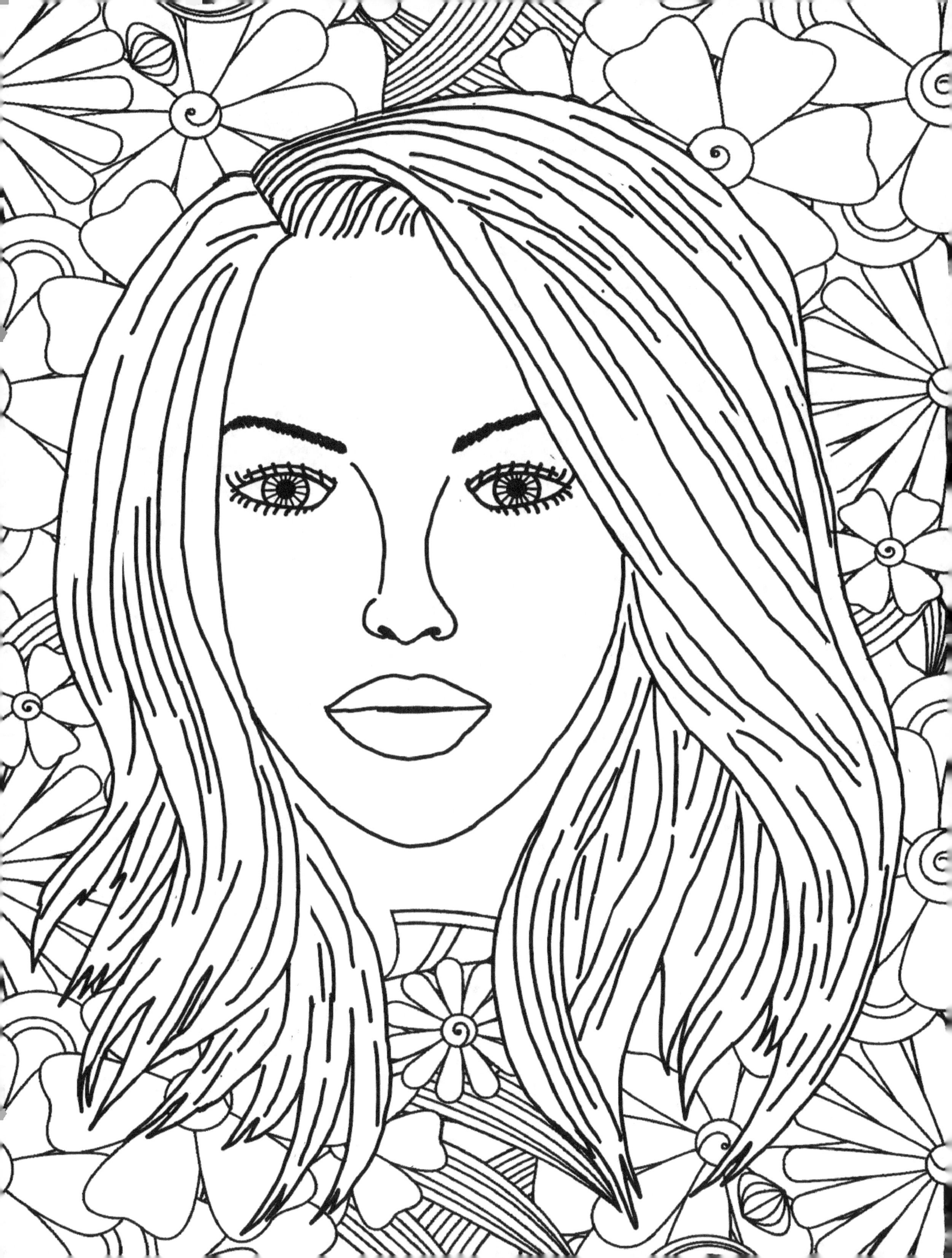

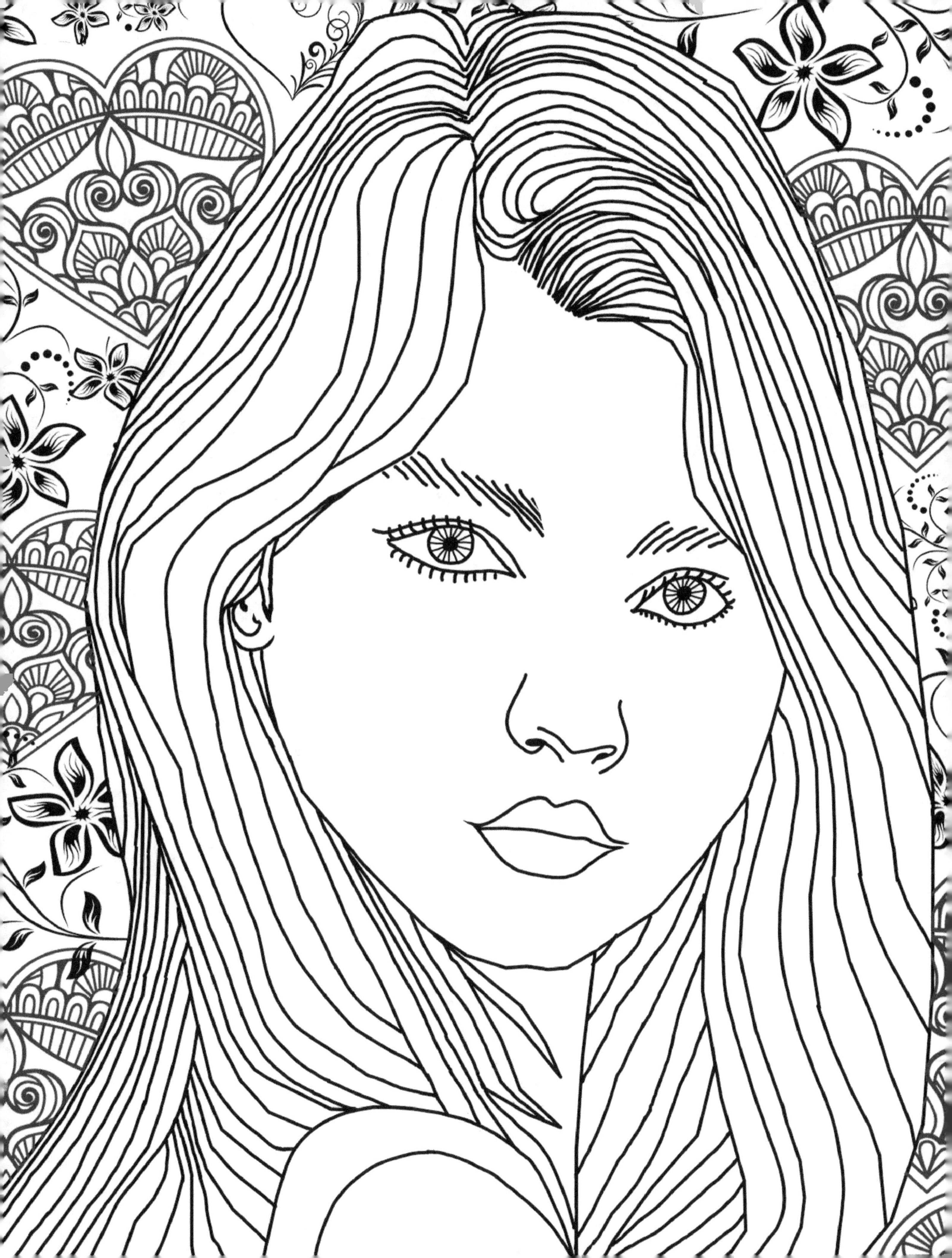

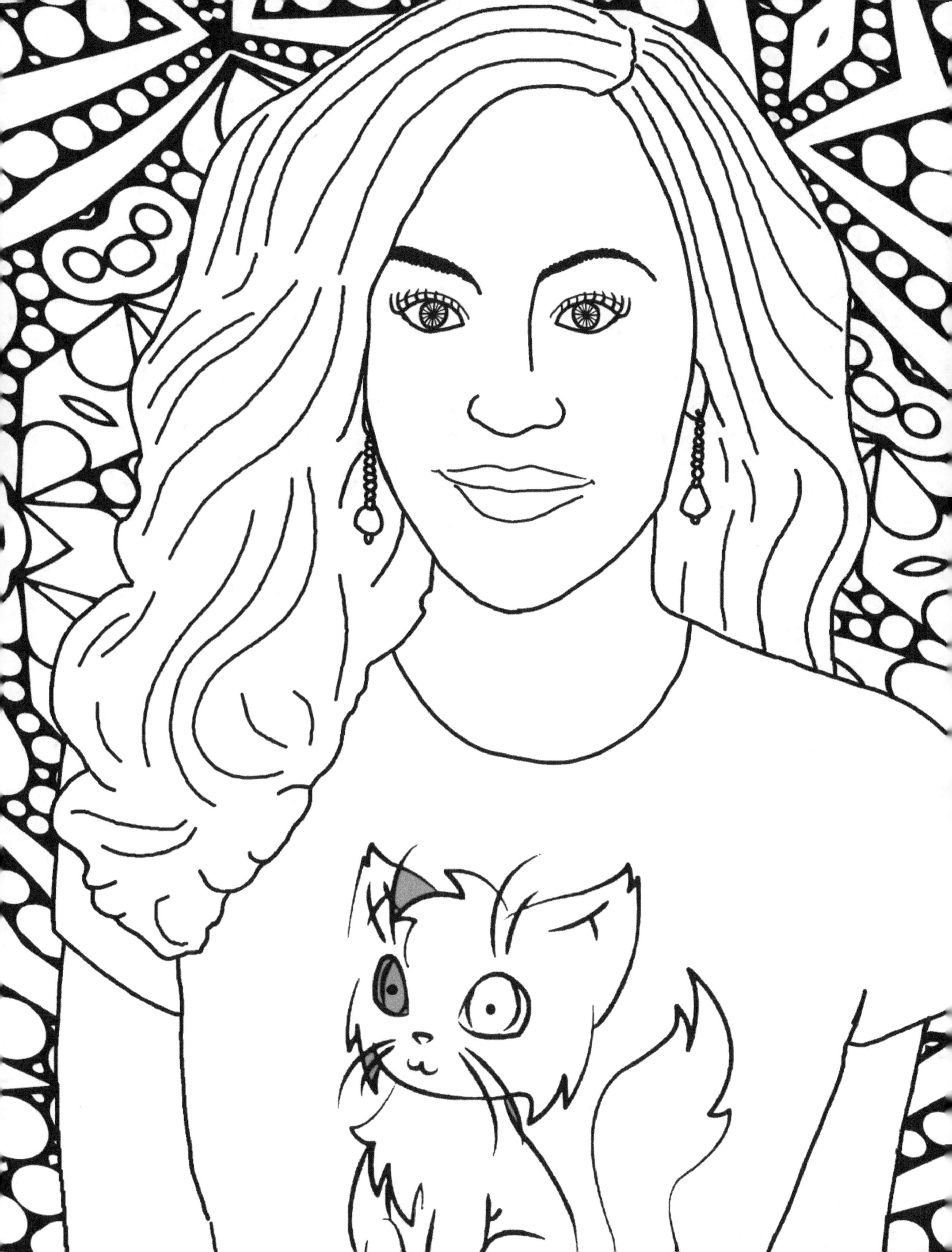

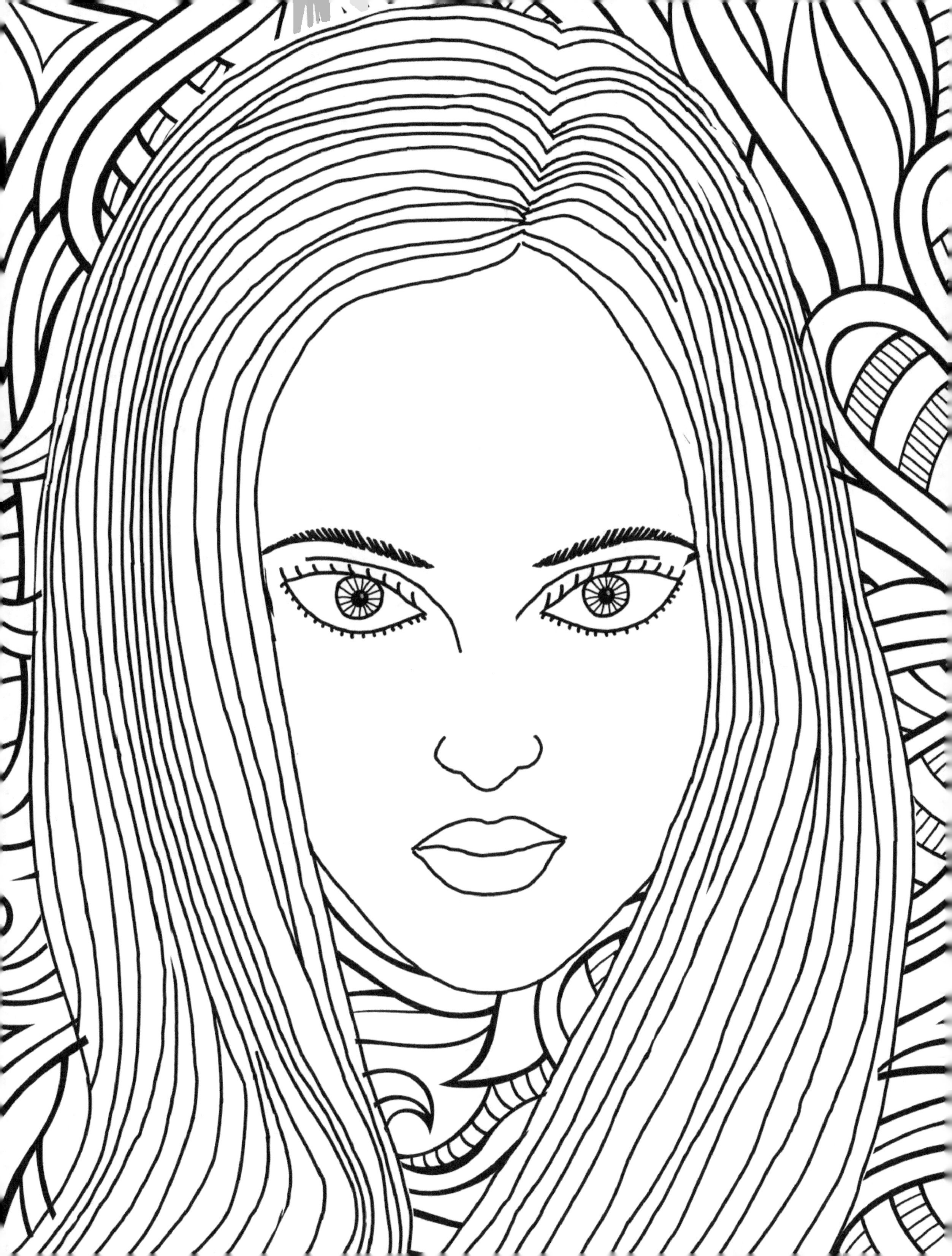

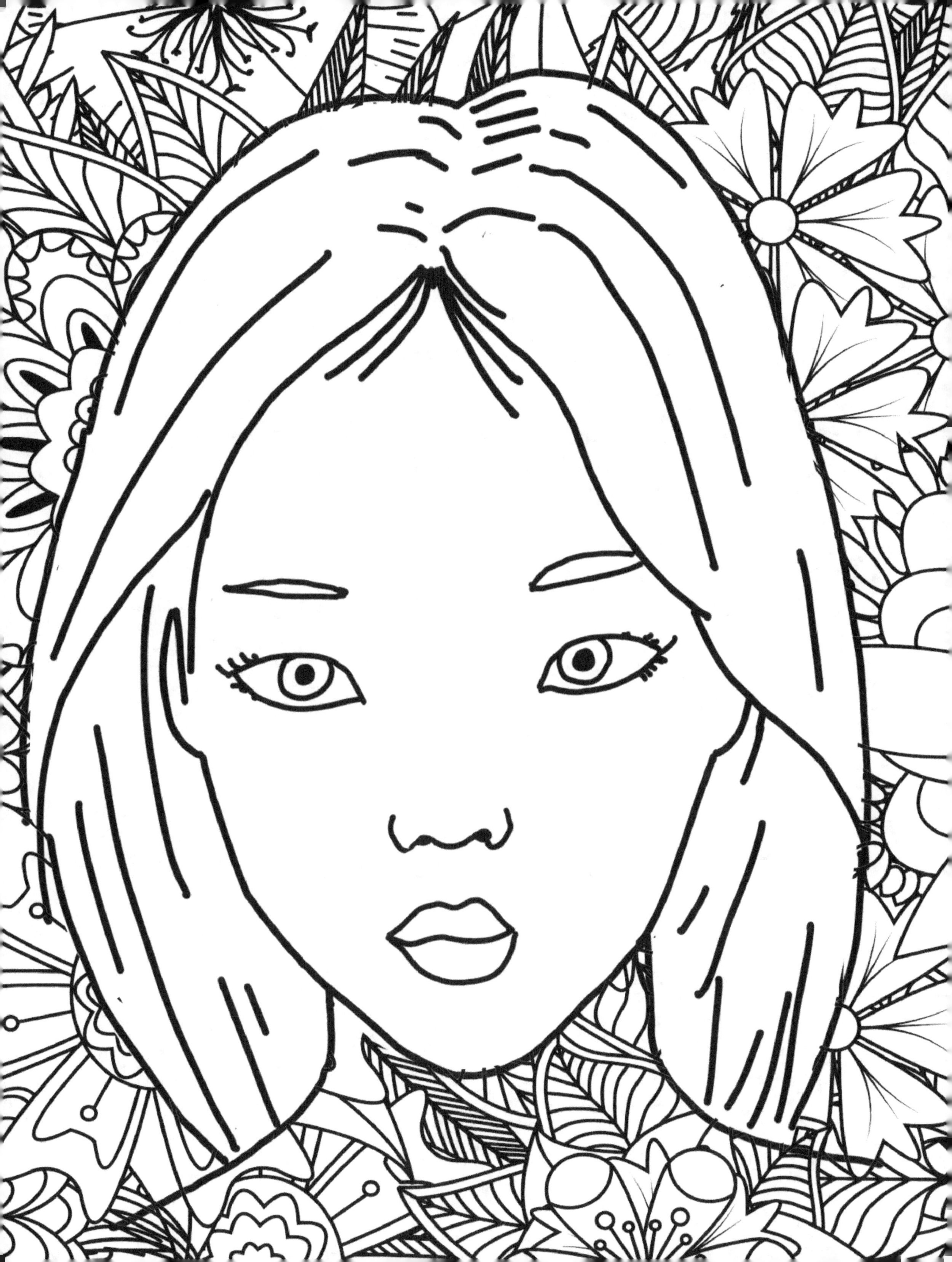

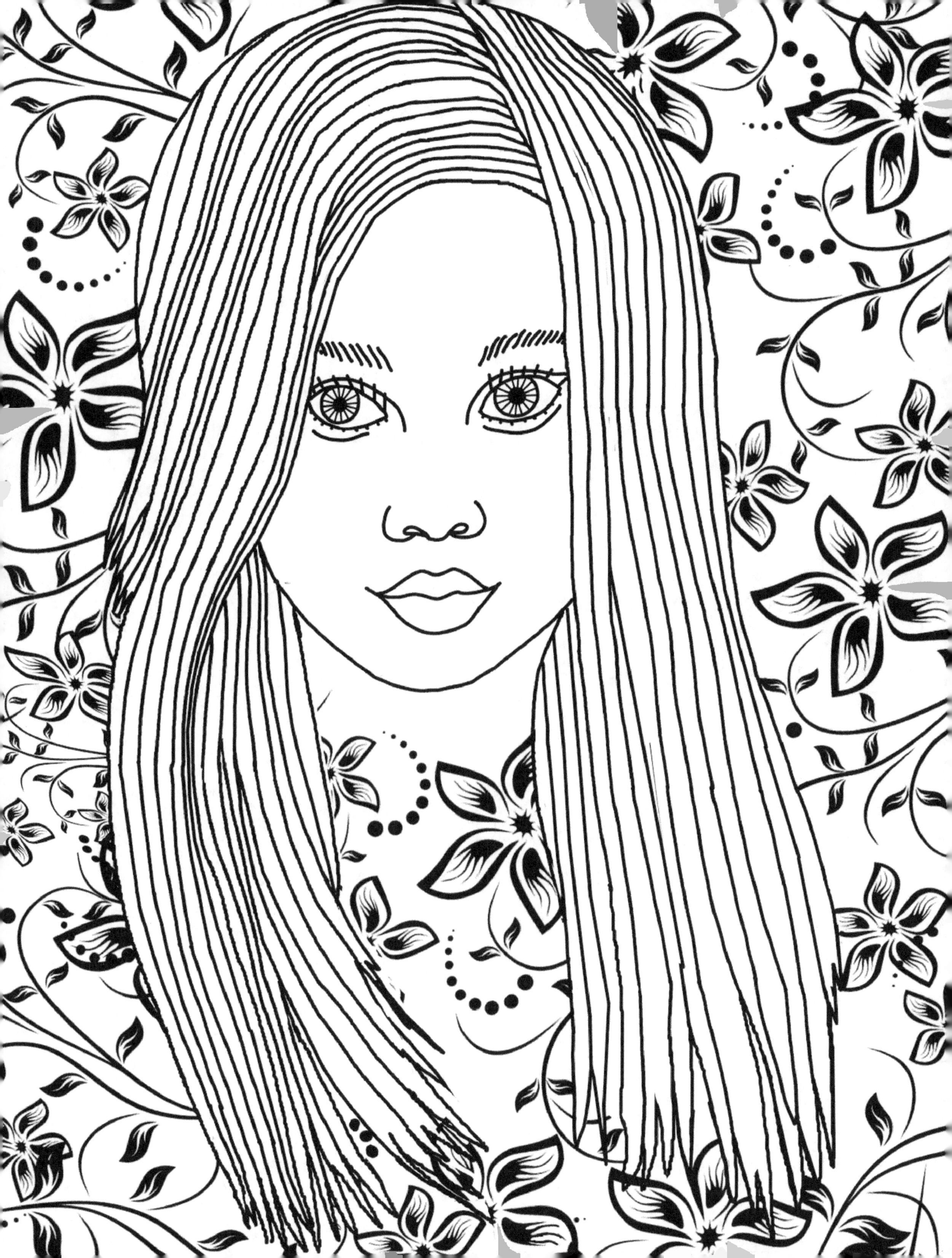

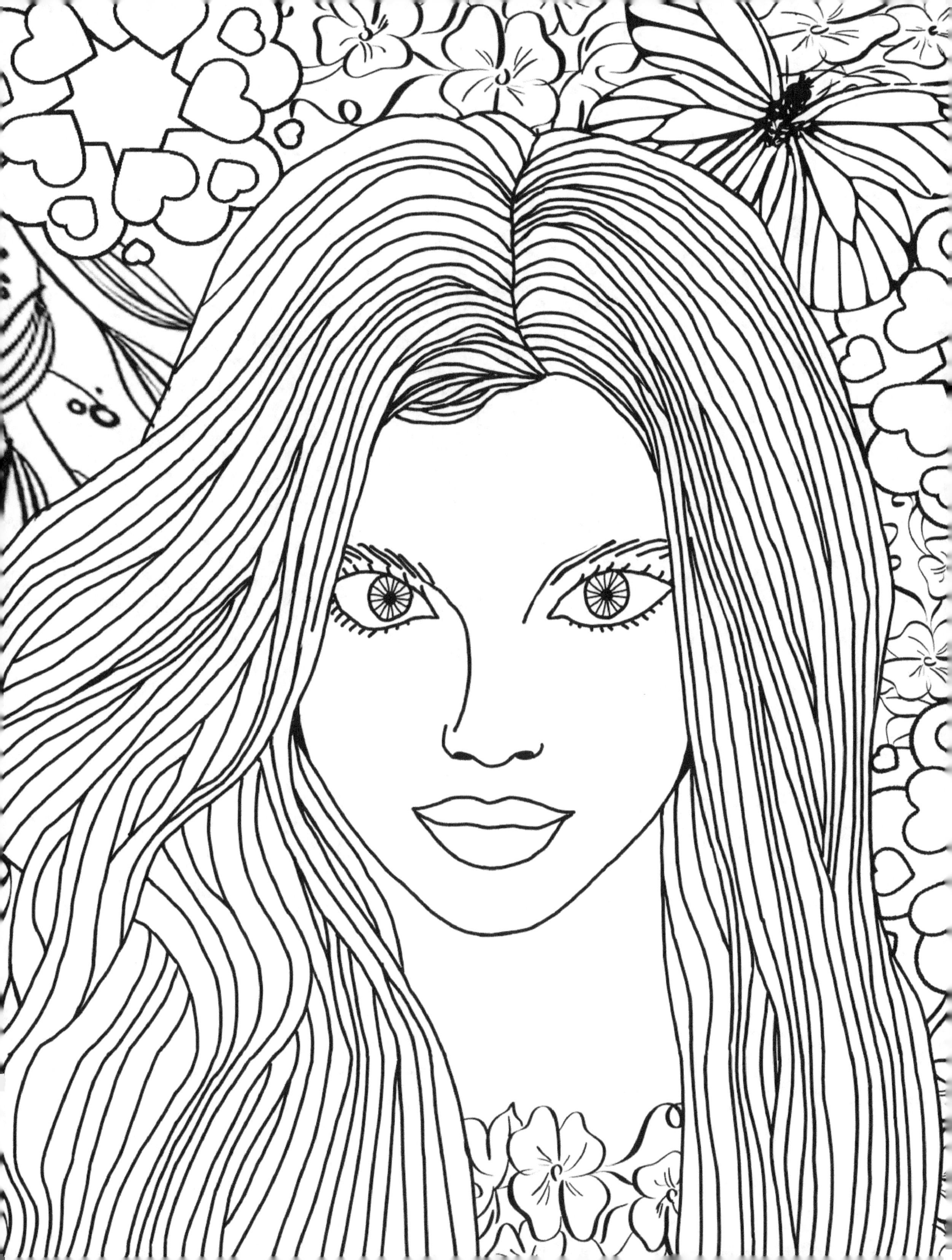

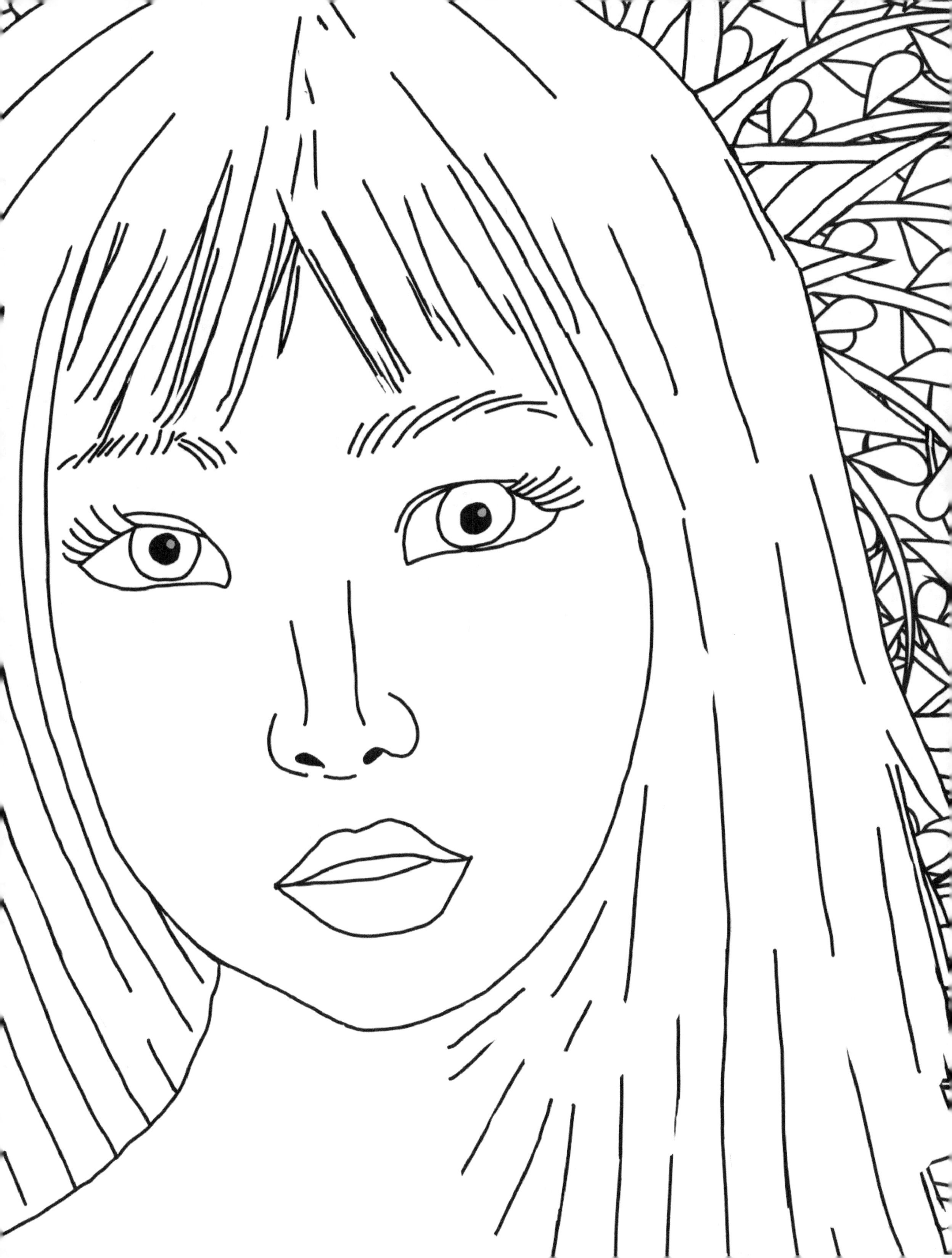

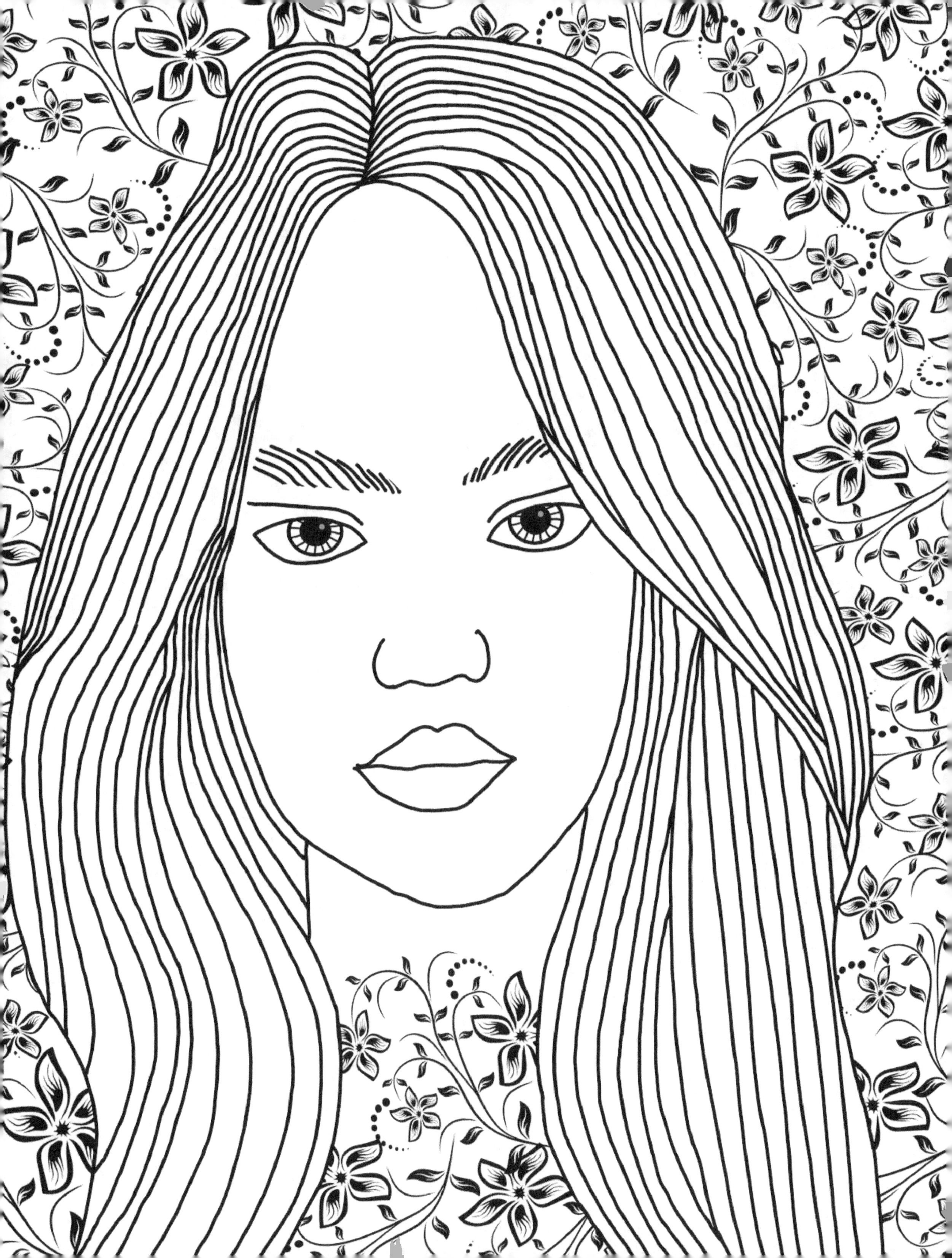

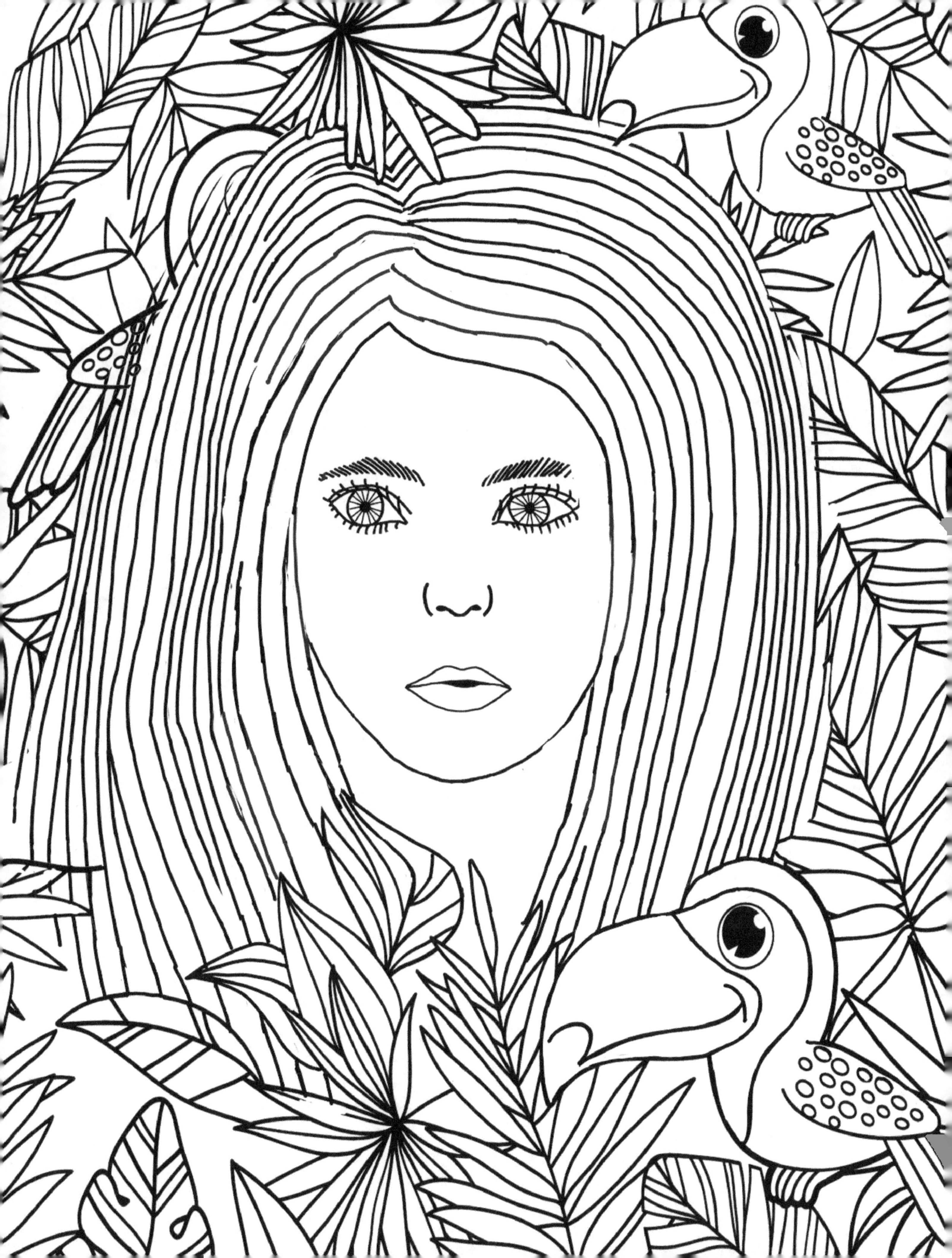

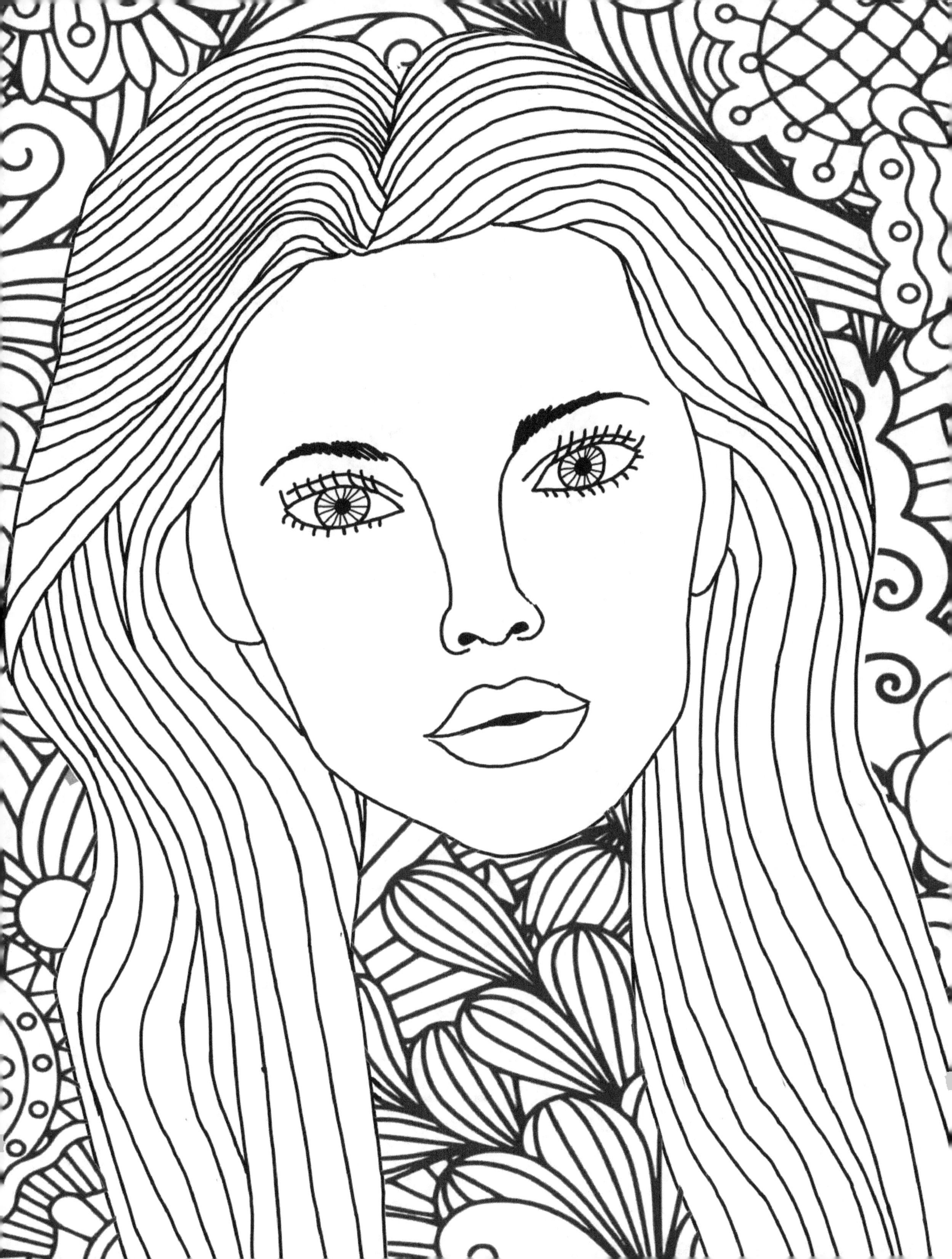

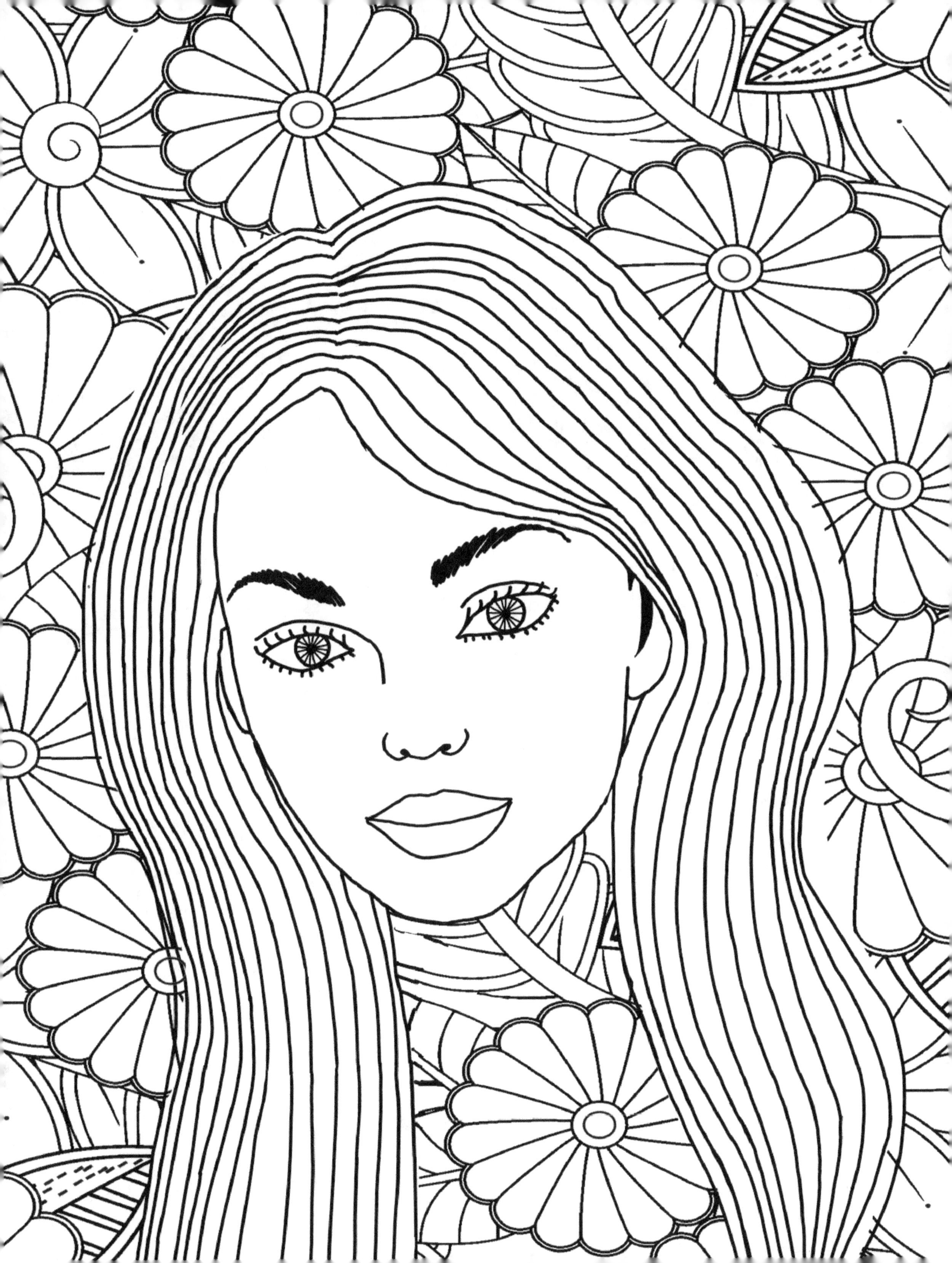

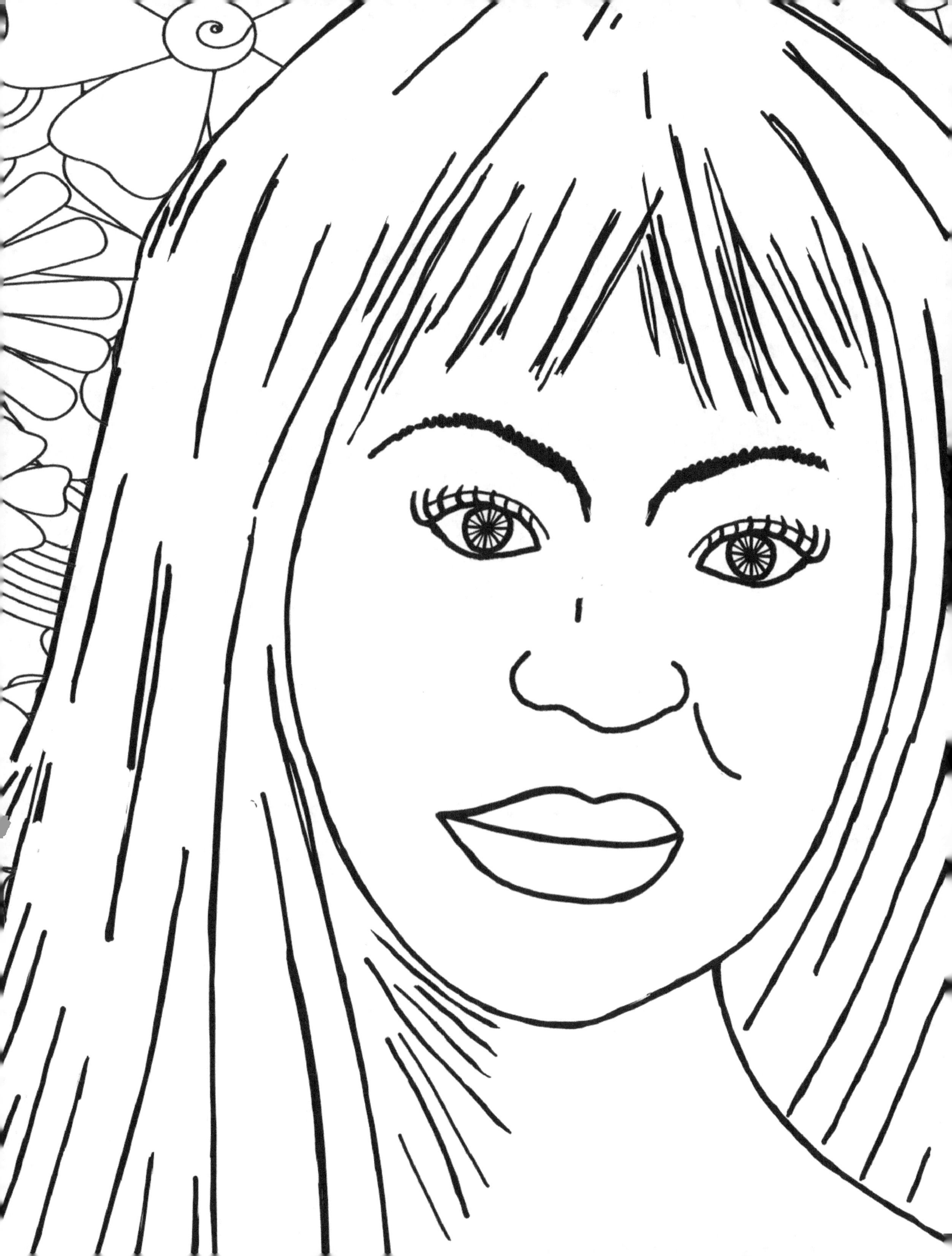

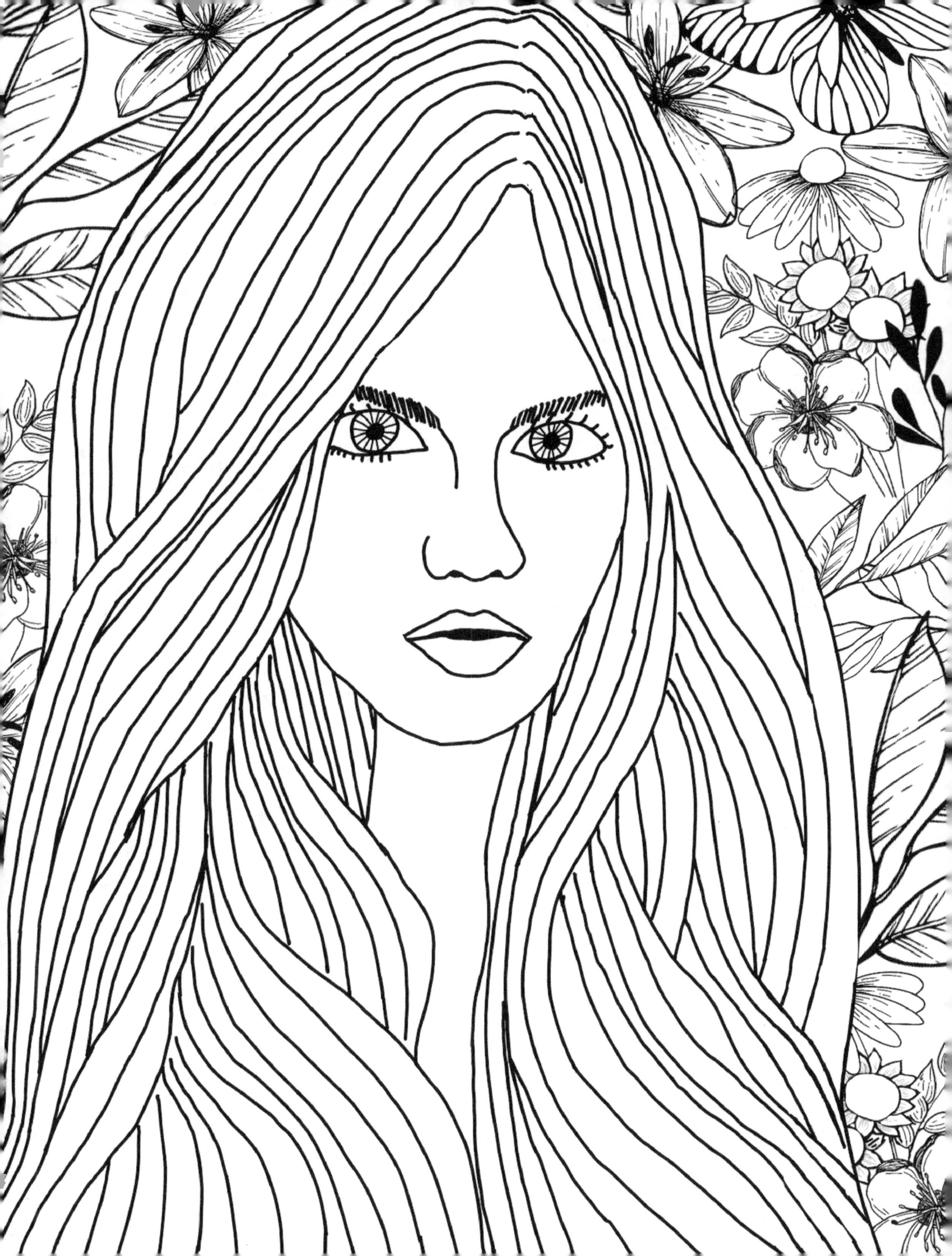

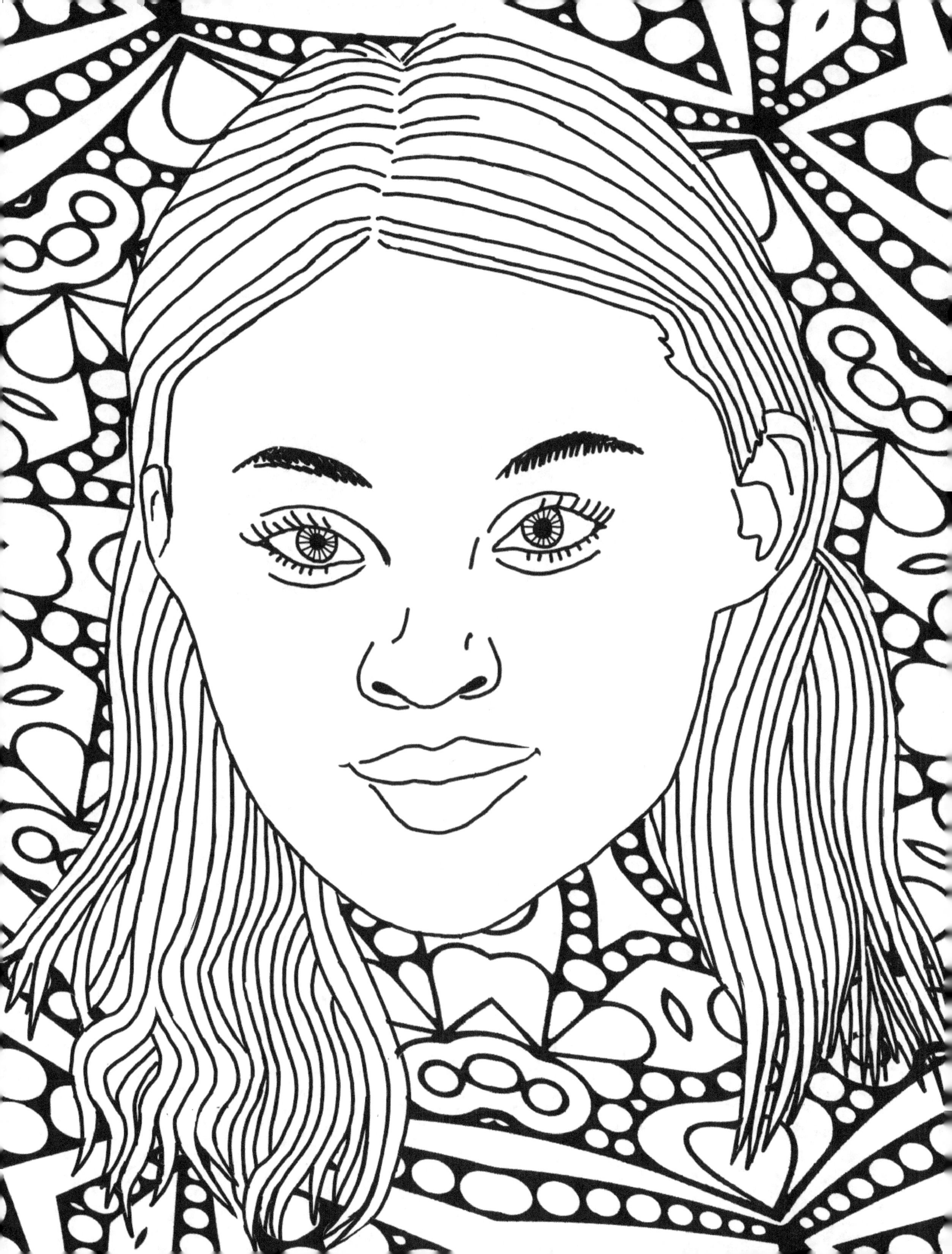